DIAMOND
流通
選書

「考える営業」の教科書

サプライヤーが小売業と取り組む実践的方法

NPO法人MCEI東京支部
早稲田大学商学学術院教授　守口剛
［編著］

ダイヤモンド社

はじめに

流通チャネル内における企業の力関係は、ここ20～30年の間に大きく変化してきた。その変化を端的に言えば、流通の川上から川下へとパワーがシフトしてきたということだ。小売業の企業規模の拡大、店頭情報化の進展などを背景として、流通の川下に位置する小売業者のチャネル内におけるパワーが強くなってきたのである。

このようなパワーシフトの結果、相対的な力関係が低下したメーカーや卸売業などサプライヤーの営業現場が疲弊するという現象も顕著になってきている。消費税の引き上げや原材料の高騰などがコストアップ要因となる一方、大きな力を持つ小売業からの値下げ要請などの取引条件提示に耐えられなくなってきている。製造、マーケティング、サプライチェーンマネジメントなどあらゆる分野でのコスト削減はいつの時代にも必要であるが、その余地が徐々に狭まってきているのである。今こそ、サプライヤー営業における発想と行動の転換が必要である。

国内市場においては、少子高齢化の進展や経済活動のグローバル化、ＴＰＰに代表される自由貿易化の進展など、消費を取り巻く環境は急速に変化している。市場の変化は同時に新たな需要創造のチャンスであり、そこに挑戦し続ける企業のみが生き残ることができる。

近年、小売業者のPOSデータ開示を前提とした、小売業とサプライヤーのマーチャンダイジング研究会が全国的に広がっている。メーカーや卸にとっては小売業との取り組みを進め、効率的かつ効果的な営業を実践する絶好の機会であるが、実際にはうまく対応できていないケースが多い。

その要因はさまざまではあるが、「取り組み」の名のもとに小売業の業務をサプライヤーが代行するだけに終わっていたり、膨大なデータを処理するだけで手一杯となって創造的な売場計画や販促計画の策定にまで力が回らないといった事例が多くみられる。その結果、売場で商品の価値を訴求したり新しい使い方などを提案する力が向上せずに、相変わらず価格訴求に頼った売り方が大勢を占めることになる。そして、そのことがさらにサプライヤー営業を疲弊させるという悪循環が生じている。

サプライヤー営業がいま小売業とともに取り組まなければならないのは「お客様のため」と称した安売りではなく、需要創造、コスト削減、そしてロス撲滅のバランスの追求である。サプライヤー営業の革新がいまほど求められていることはない。

こうした問題意識をもとに、マーケティングに携わる実務家の組織であるMCEI（Marketing Communications Executives International）と早稲田大学マーケティング・コミュニケーション研究所では「ダイヤモンド型営業戦略研究会」を２００９年から４年に渡り開催してきた。本書はその成果をまとめたものである。

本書ではまず、急速に進む市場の変化とそれに小売業がどう対応しようとしているのかを踏まえ、メーカーおよび卸のサプライヤー営業が向き合うべき課題を明らかにする。

続いて、その課題を克服するための基本的な方向性と戦略を、「多次元接点サバイバル」「考える営業」といった切り口で整理する。

また、こうした新しい戦略の実践について、「４つの営業手法」の分析にもとづくジョイント・ビジネス・プラン（ＪＢＰ）の共有や、そうした取り組みをＰＤＣサイクルとしてどのように継続するかを具体的に説明する。

さらに、研究会参加者が関わった成功事例についても紹介する。

このように本書は、サプライヤー営業が直面する状況と課題を整理しつつ、それをどのように解決していくべきかについての実践的な内容と事例を提供するものであり、消費財メーカーや卸の営業研修などに活用いただきたい。

想定している主な読者は、メーカーや卸の営業最前線で活躍している方々と営業支援部門（営業統括・企画）の関係者である。もちろん、小売業の商品部、販促部や情報システムに関わる方々にもメーカーや卸との関係を考えていただく一助となるはずだ。
本書が、サプライヤー営業に関わる多くの方々の気づきと自己変革に少しでもお役に立てれば、著者一同大きな喜びとするところである。

平成26年7月吉日

ＭＣＥＩダイヤモンド型営業戦略研究会ファシリテーター
早稲田大学商学学術院教授
守口　剛

目次

第3章「考える営業」の手法とその実践 101

第4章 サプライヤー営業の情報化対応 193

第5章 成功事例に学ぶ「非価格の課題解決」営業

第1章

小売業の変化とサプライヤー営業の対応

1. お客さま接点の変容

(1) スーパーマーケットでの買い物減少

いま、消費市場における最も重要な変化のひとつは、お客さま（消費者）が利用するお客さま接点（小売業）の垣根が急速に崩れてきていることである。典型的なのが、食品の購入場所が多様化していることだ。どの商圏をみてもスーパーマーケットのほかコンビニエンスストア、ドラッグストア、ディスカウントストアが溢れている。

たとえば、2012年に注目されたヤオコー川越的場店の半径2㎞圏の市場規模と競合店を調べたところ、半径2㎞圏には6万4503人、2万3488世帯の消費者がいる。食品市場規模に換算すると230億円になる計算だ。そこにスーパーマーケットが18店（食品売上270億円）、コンビニエンスストアが41店（食品売上80億円）、ドラッグストアが11店（食品売上40億円）もある。さらにファストフードと無店舗販売が加わって競争を繰り広げている。日本中どこをとっても、差はあるものの同様の競争状態といっていいだろう。

商業統計によると総合スーパーとスーパーマーケットの販売金額が低下し、コンビニエンスストア、ドラッグストア、専門ディスカウントストアの販売金額が上昇している。食材から作らない高齢者の増加などにより、モノ（食材）の消費からコト（食事）の消費への移行が加速している。まだボリュームは小さいが、無店舗販売も伸びている。

さらにファストフードがメニューを拡充し、品質向上したことで顧客をひろく獲得し、スーパーマーケットの食材購入客や総菜購入客を奪っている。牛丼チェーンはいつの間にかカレーチェーンもしくは定食チェーンともいえる状態になり、ラーメンチェーンは中華チェーンに進化している。

こうした結果、総合スーパーの利用頻度は低下している。マイボイスコム（2012年11月、回答者数1万1563名）の調査によると8割以上の人がスーパーマーケットを週1回以上利用しており、買うものの上位は、青果、パン、乳製品、肉、卵、魚の生鮮食品と菓子だ。

しかし、加工食品、飲料・酒類、日用品は買わなくなってきている。スーパーの来店客にスーパーマーケットで「買うもの」と「買わないもの」を聞き、カテゴリ別に「買う」比率から「買わない」比率を引いた数値をみるとそのことが明白になる（図1）。

こうした事態に対してスーパーマーケットはロス撲滅（ムダ・ムラ・ムリの抑制）、需要創造（価格・非価格で需要を創る）の両輪をまわして対応しようとしている。

では、スーパーマーケットはたとえば増える高齢者を取り込めているか。結論からいえば疑

図1　スーパーマーケットで買われている商品、買われていない商品

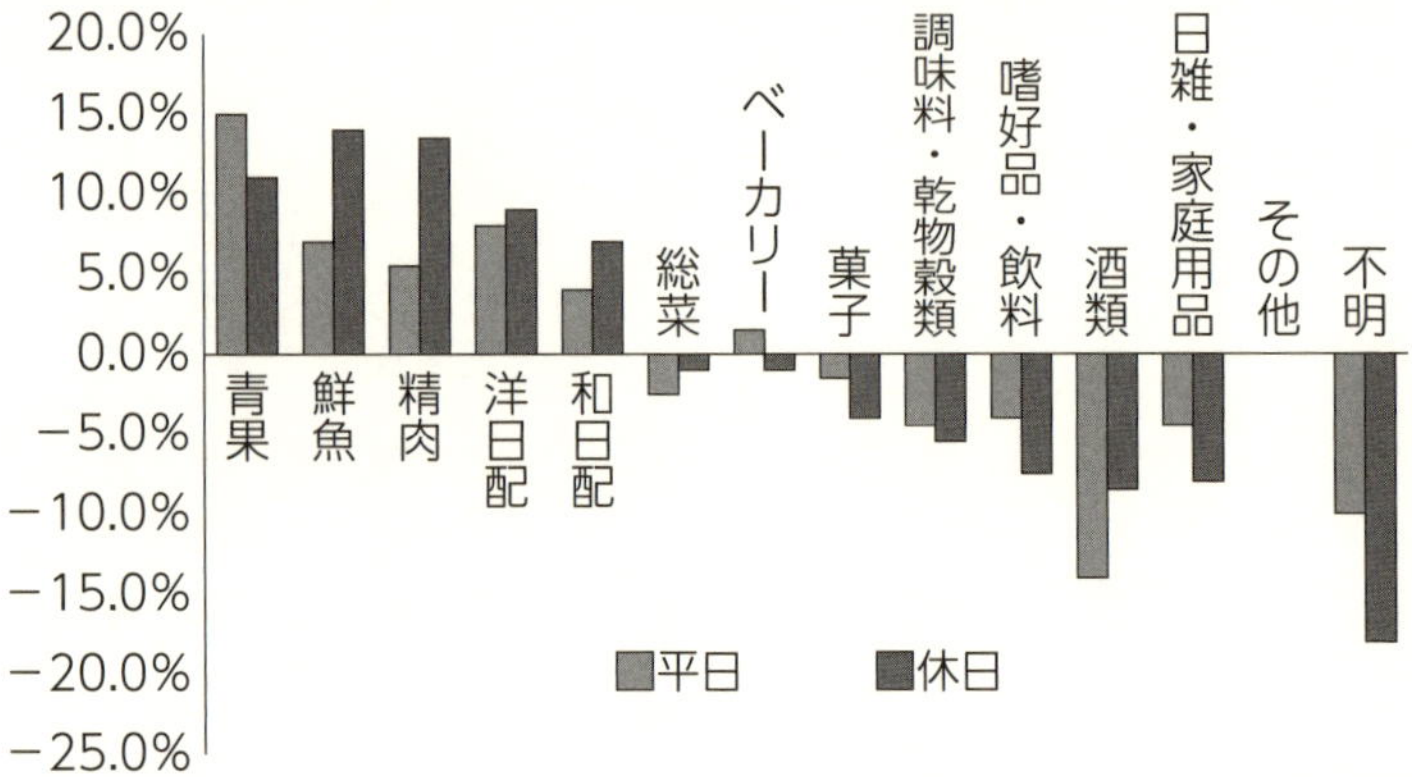

※スーパーマーケットで「買う」比率と「買わない」比率の差、2012年５月、回答者数310名
出典：二俣事務所

問である。お年寄りが求めるものが実現されているのが巣鴨地蔵通り商店街だとすると、現在のスーパーマーケットの売場はそれとは遠くかけ離れている。品揃えはもとより売場づくりだけとっても、巣鴨は陳列がたいへん低く、主要商品は最も低い位置に並べられ、ＰＯＰも大文字、大サイズで低位置掲出である。しかし、そういうスーパーマーケットはまだ見たことがない。品揃えにおいて高齢者を取り込めているスーパーマーケットとしては、飴、半生菓子、ヘアカラー、昔の男性化粧品、ペットフード、テープレコーダーなどを大きく露出していることで有名な東京・大森のダイシン百貨店ぐらいであろうか。

（2）ドラッグストア、ディスカウントストアの躍進

マイボイスコムの調査（２０１１年11月、回答者数１万１８９４名）によると、３割の人が週１回以上ドラッグストアを利用している。ドラッグストアで買うものの上位はヘルスケア、ビューティケア、日用品である。ディスカウントストアも同じように非食品が主体だ。

しかし、ドラッグストアは一様に「食品拡充」を最重点課題にしてきている。ドラッグストアの食品スペース比率は、我々が主要30店を調査（２０１２年８月、首都圏・中部圏主要30店）したところ35％だったが、さらに拡大していくと思われる。

スーパーマーケットとドラッグストアの食品カテゴリー別実尺数平均を比べると、飲料非冷はすでにドラッグストアがスーパーマーケットを超えている。酒類、菓子、穀類、麺類もドラッグストアはスーパーマーケットの半分の規模にまできている。日用品だけでなく加工食品や日配食品も、スーパーマーケットよりドラッグストアで買うというところまで来ている。

近くにディスカウントストアがあるスーパーマーケットの利用客と、近くにそういう店のないスーパーマーケットの利用客によく利用する店を聞いたところ、とくに高齢者は近くにディスカウントストアがあれば若い世代よりもよく利用するという結果になった（図２）。高齢者はいいものを求める、というのはもう過去の話だ。

図2　ディスカウントストアの年代別利用頻度（2012年）

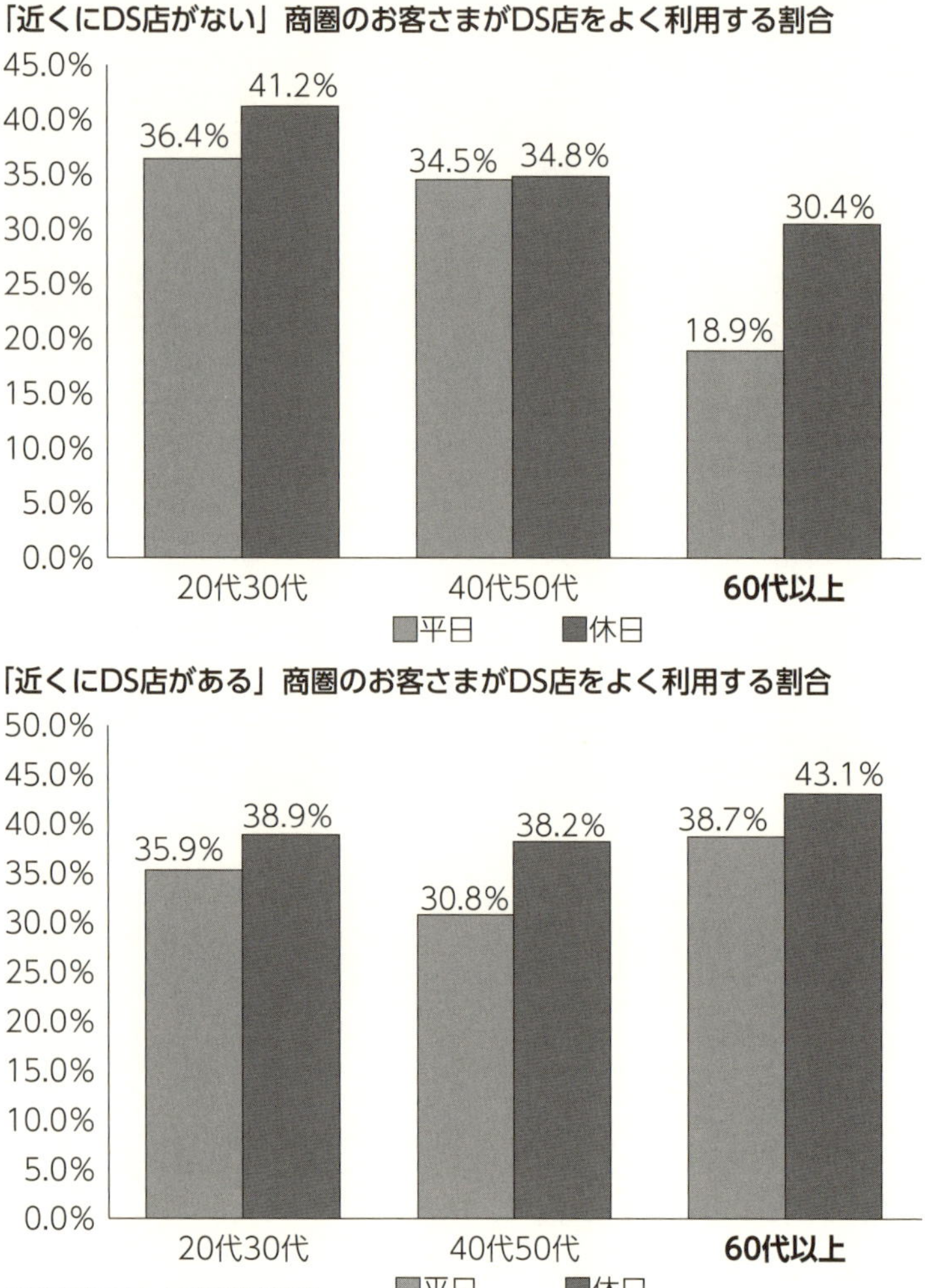

※2012年6月、回答者数198名
出典：二俣事務所

(3) コンビニエンスストアでの高齢者の買い物増

コンビニエンスストアは、2つの大震災を経て社会に不可欠のライフラインと完全に認知され、その位置づけを高めた。マイボイスコムの調査(2012年2月、回答者数1万3578名)によると、6割の人が週1回以上コンビニエンスストアを利用している。

コンビニエンスストアの利用頻度で特徴的なのは、高齢者の利用が急速に拡大しているということである(図3)。高齢者人口が増えたことで、「遠くのスーパーより近くのコンビニやミニスーパー」という流れが進み、コンビニエンスストア自体がより狭小商圏でも成立する業態に進化した。それがますますコンビニエンスストアの店舗数を増やすことにつながり、スーパーマーケットの顧客を奪った。

高齢者がコンビニエンスストアで買うのは、飲料が最も多く、次いでアイス、総菜である(株式会社ジー・エフ「シニア・高齢者のコンビニエンスストアの利用に関する調査」2011年9月、有効回答681世帯)。

高齢者の簡便志向が強まり、コンビニエンスストアがそれに対応しすぐ食べられるもの、電子レンジでチンすれば食べられるものを拡充したことで支持を集めているのである。コンビニエンスストアはさらに、生鮮食品とチルド総菜を拡充するとともに高齢者にやさしい店づくり

図3　セブン-イレブン来店客の年齢別構成比の変化

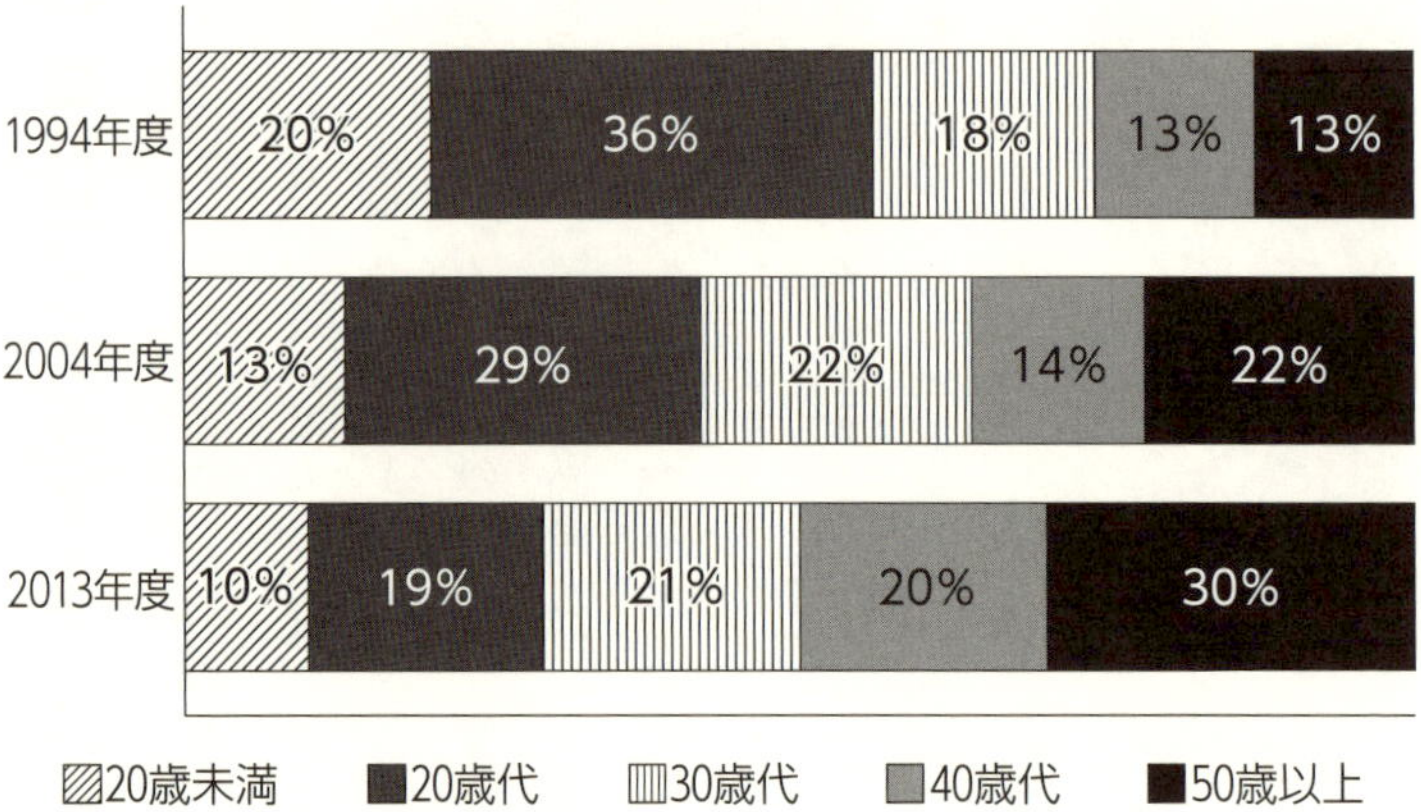

出典：セブン-イレブン・ジャパン来店客調査

に取り組み、高齢者の顧客を増やしている。

コンビニエンスストアはサービスメニューの拡充を進め、ますます地域に不可欠のインフラになっている。会員カードサービス（ポイントサービス）やSNS活用コミュニケーションの拡充もお客さまとのコミュニケーションをより一層深めている。

それに比べスーパーマーケットのサービスカウンターは何十年前からギフトの受付ぐらいしかない。最近はスーパーマーケット自らがコンビニエンスストア的なミニスーパーの出店を進めたり、コンビニエンスストアのフランチャイズに加盟したりして、自分たちが取りにくいお客さまを取っていこうとしている。

（4）無店舗販売での食品の買い物増

コンビニエンスストアやスーパーマーケットみずからが無店舗販売を拡大させている。また、アマゾン、楽天などの無店舗販売事業者が食品・日用品の取り扱いを拡大している。

マイボイスコムの調査（2012年10月、回答者数1万1664人）によると、ネットスーパー利用者は16・8％で年々伸びている。買うものは野菜、米・もち、飲料、乳製品のような重くてかさばるものだ。前期高齢者（65〜74歳）の8割以上がネットスーパーを知っている。ただ、後期高齢者（75歳以上）の認知は低い。

単身世帯・2人世帯、高齢者の増加で、配食サービス（食事宅配）の利用も増加している。セブンミールサービスの調査（2011年8月、回答者数1595人）によると、理由は「1人や2人だから」「健康を気にして」「忙しいから」「近くに買い物の場所がない」である。

背景にあるのはモノ（食品・日用品）消費でなくコト（食事・生活）消費が増えていることだ。中食が拡大している。その分、食事（コト）を売るファストフード、弁当店、コンビニエンスストアの食べるだけの商品にチャンスが広がり、食品（モノ）を主に売るスーパーマーケットが不利になってきているのである。

（5）スーパーマーケット以外の業態の今後

こうした市場変化のなか、有力コンビニエンスストアは近所の高齢者とスーパーマーケット利用客をさらに奪取していくだろう。品揃えは製造業の積極参加を背景にしたすぐ食べられるものと電子レンジでチンするだけのものや、利益が確保できる高品質プライベートブランドで占められていくだろう。サービスは多様化し、宅配も拡大していくだろう。

ドラッグストアは低価格の食品・日用品の拡充を進めて、スーパーマーケットの主要な利用客を奪っていくだろう。ただし、大きく2つのタイプに分かれていく可能性がある。ひとつは食品・日用品を最大限に増やすタイプだ。もうひとつは食品・日用品拡充は一定の範囲で留め、ヘルスケアとビューティケア、そして介護を中心にするタイプだ。

ディスカウントストアも有力な企業は低価格が受け入れられる環境のなかで、エブリデー・ロープライス（ＥＤＬＰ）、エブリデー・ローコスト（ＥＤＬＣ）の運営ノウハウを武器にスーパーマーケットの主要利用客を奪っていくだろう。

ファストフードは若い世代以上に簡便をもとめる高齢者の増加により、食材を食事で代替していくだろう。

無店舗販売は携帯端末が生活に欠かせないツールになることで、拡大を続けていくだろう。

2. スーパーマーケットの生き残り戦略

(1) 他業態にできないことを

チェーンストア時代の中心にいたスーパーマーケットはつらい。コンビニエンスストアに高齢者を、ドラッグストアに加工食品と日用品を、ディスカウントストアに食材と日用品を、ファストフードに生鮮食品と総菜を、無店舗販売に全カテゴリーを、奪われていく環境にある。

その生き残り戦略は、ひと言で言えば「他業態でできないことをやる」ということに尽きる。具体的には以下のような方法が考えられる。

●モノの品質価値で勝負する

高品質野菜、地場青果・鮮魚、旬、銘柄肉、和日配・洋日配、エコ対応の日用品などの高質商品の品揃えと価値情報発信を進めるのである。こうした対応は、コンビニエンスストア、ドラッグストア、ディスカウントストア、無店舗販売、ファストフードには難しい。

●本格総菜を豊富に揃える

コンビニエンスストアはメーカーの協力を得て高い技術の総菜を準備してくるだろうが、品揃えには限界がある。ドラッグストア、ディスカウントストアが総菜の品揃えを豊富にすることはそもそも困難である。

●冷蔵の品揃えで勝負する

コンビニエンスストアの冷蔵庫は小さい。ドラッグストアの冷凍食品売場は大きいが、日配品と飲料・酒類の冷蔵売場は小さい。大きくとっても効率重視の体制では補充が間に合わない。スーパー以外のお客さま接点は冷蔵が苦手なのだ。

●NB新商品の売場実現、垂直立ち上げにこだわる

コンビニエンスストアはプライベートブランド（PB）偏重路線であり、ドラッグストアやディスカウントストアは人手がなくてキメ細かな新商品売場実現が困難だ。大手メーカー（NB）の新商品はスーパーマーケットの武器となる。

●品揃えを安易に絞り込まない

豊富な品揃えを維持する。カテゴリーによっては核売場として商圏一の品揃えにする。品揃えを絞り込むとドラッグストアやディスカウントストアの品揃えと同じになってしまう。

●52週販促を行う

日替わり販促などの伝統の手法「ハイ&ロー」を積極的に進める。売場が小さなコンビニエ

ンスストア、人手が限られているドラッグストアやディスカウントストアでは催事売場の多頻度の変更ができない。また、小さなコンビニエンスストア、人手とスペースに限りがあるドラッグストア、ディスカウントストア、売場のない無店舗販売では、スペースを大きくとった需要創造の大催事陳列や部門が連動した大催事ができない。山積みの特売ではなく、テーマ性のある生鮮の平台催事陳列、加工食品の大規模陳列、装飾された陳列を行うのである。

●クロスMDを進める

生鮮食品と加工食品・日用品を組み合わせたメニュー提案、クロス・マーチャンダイジングを進める。スーパー以外ではなかなかできない。

●価格以外の価値メッセージPOPを増やす

コンビニエンスストア、ドラッグストア、ディスカウントストアではそこまで手を掛けられない。

●新しい売場をつくる

料理の方法、新トレンド、新しい生活シーンなどの売場をつくる。食品プラス日用品で部門の壁を超えてつくる。コンビニエンスストアにはそのスペースがないし、ドラッグストア、ディスカウントストアはそこまで手間をかけられない。

●ライブ感のある体験ができる売場にする

試食・試飲・試用、対面販売、デモ販を進める。スーパーマーケット以外はそこにはなかなかコストをかけられない。

●人の力で戦う

考える現場、接客力で戦う。コンビニエンスストア、ドラッグストア、ディスカウントストア、無店舗販売にはその「人」がいない。

●機会ロスを徹底して抑制する

世の中で売れているモノはもれなく置く。需要が盛り上がるタイミングを逃さない。店舗格差のないあるべき売場実現状態を実現する。

(2) 店舗中央部の加工食品・日用品売場を元気に

他業態にできないことをやるとともに需要創造、用途提案の売場づくりを進める必要がある。具体的には料理の方法、新しいトレンドや生活シーンに対応して商品を組み合わせた売場、食品と日用品を組み合わせた売場などだ。

新しい商品配置は「わかりにくい」という不満にもつながるが、そこにチャレンジしなければ産業別売場配置のドラッグストア、ディスカウントストアと同じ売場になってしまう。特に、

図4　第2主通路の生鮮売場を改善したときの加工食品元売場の変化（客動線調査）

2010年	通過率	立寄率	購入率
第2主通路エンド	85.1	20.8	9.5
カレー・スパイス売場列	17.3	14.3	8.9

2011年	通過率	立寄率	購入率
第2主通路エンド	92.5	31.3	15.0
カレー・スパイス売場列	21.9	18.8	10.0

※2010年11月及び2011年11月調査、サンプル数337

出典：二俣事務所

店舗中央部が大きな大型スーパーはカテゴリによってはEDLPで対抗するべきだろう。

また、立ち止まり、中通路に引き込むエンドにする。エンドをいろいろな商品が陳列されている特売売場でなく目をひく単品価格訴求にしたり、その時期にピッタリの生活提案催事にしたりする。プライスカードだけでなく非価格の価値メッセージを掲出する。エンド脇にも催事売場やジャンブル陳列を展開して視線を店舗中央部に誘うのである。

また、主通路の価値を上げて滞留時間を増やすことで店舗中央部の通過・立寄・購入率を上げる。我々はたくさんの客動線調査や出口アンケート調査に参加しているが、あるスーパーマーケットで1年の間をおいて同じ店で調査させてもらいその改善度合いを検証した（図4）。

その店は第2主通路に総菜売場を配置しているのだが、その売場の品揃えがすごく良くなり通過率・立寄率・購入率がすべて上がった。すると、その前にある店舗中央部のエンドの通過・立寄・購入率も上がっていた。改善はそれに留まらなかった。店舗中央部にある加工食品元売場の通過率・立寄率・購入率すべてが上昇していた。

このことは、店舗中央部を元気にするには店舗中央部の工夫だけでは済まず、生鮮売場とくに第2主通路の改善も含めて考えないといけないということを示している。

カレー、チョコレート・ポケット菓子、飲料冷蔵、酒類冷蔵は主通路から目にはいる位置に移動する。店舗中央部にある加工食品・日用品はなくなったから買う目的消費、もしくは補充消費の商品が多い。客動線調査を続けているとわかってくることだが、たしかに店舗中央部にある商品は通過した人のうちの立寄った割合が低く、立寄った人のうちの購入した割合が高い。つまり、もともと購入するために売場に来ているということだ。ただし、それだけでない商品があることにも気づく。通過した人のうち立寄った割合が飛びぬけて高い商品が存在するのだ。目に入れば立寄ってしまう非目的消費の商品である。それがカレー、チョコポケ、飲料冷蔵、酒類冷蔵である。広告量の多さや嗜好性の高い商品であることが影響しているのではないかと思う。これらの商品は店舗中央部の奥深くにしまっておかずに、お客さまの通過率が高い主通路から目にはいる位置もしくは主通路上にどんどん出していくべきであろう。主通路上での関

図5　カレー、チョコポケ、飲料冷蔵、酒類冷蔵の主通路から目に入る割合

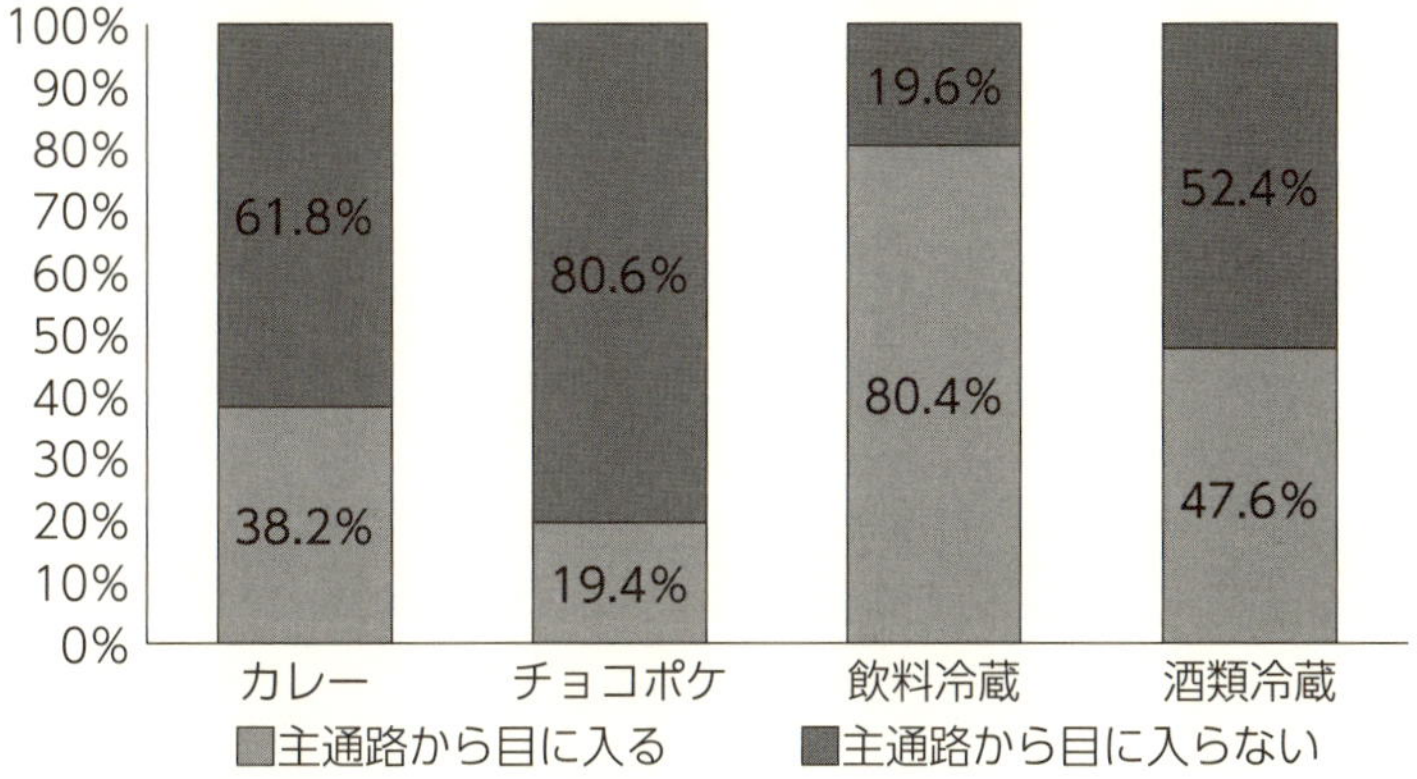

※2011年～2013年調査、サンプル数196店
出典：二俣事務所

連陳列や多箇所陳列を積極的に展開するのでもよいが、できれば元売場自体を目につく位置に出してしまうほうがよいだろう。

これらの商品について主通路から目にはいる位置に配置されているかどうか196店のスーパーマーケットを調べると、カレーは38・2％、チョコポケは19・4％、飲料冷蔵は80・4％、酒類冷蔵は47・6％の店が目にはいる位置に配置されていた（図5）。単純にいえばカレーは6割、チョコポケは8割、飲料冷蔵は2割、酒類冷蔵は5割の店で改善余地があるといえる。

もっというとカレーは精肉売場の前に、飲料冷蔵は総菜・パン売場の前に元売場を配置すべきだろう。客動線調査結果からカレー売場や飲料冷蔵売場に立寄ったお客さまは特にどの売場に立寄っているか、平均の立寄率と比較しながらその特徴をみた。すると、カレー売場に立寄ったお客さまはとくに精肉売場の立寄率が高く、飲料冷蔵売場に立寄ったお客さまはとくに総菜なかでも弁当売場とパン売場の立寄率が高いのがわかる。

よく小売業と製造業・卸売業の間でカテゴリーマネジメントの名のもとに、そのカテゴリーの実績を向上させることの一環として棚割り改善の取り組みが実施されている。大事なことではあるが、そこで売場の配置や他の売場との関係性についてはほとんど触れられていない。あくまで特定のカテゴリー売場内のくくり方と配置の検討に留まる。店舗中央部のカテゴリーを元気にするという立場で考えるとそれでは済まない。

(3) 若い人に支持される店づくり

高齢者が増えている。だから高齢者に来ていただく。そういう意見が多い。たしかに高齢者は大事にする必要がある。しかし、スーパーマーケットの場合、高齢者よりも20代~40代の若い人をメインのターゲットにすべきだと思う。

お年寄りは家の近所か家に届けてくれるお客さま接点を選択しやすい。コンビニエンスストアやミニスーパーや無店舗販売がそこにいて高齢者を取り込んでいく。「アクティブシニア」

と呼ばれパソコンやスマホを操れる人々も、実際に利用している接点は近所か家に届く接点に移ってきているのではないだろうか。ならば、高齢者よりも若い人に支持してもらうことを先に考えてもいいのではないか。

スーパーマーケットはもともと20代～40代の若いお客さま向けに設計されている。だからゴールデンゾーンがあんなに高く、POPの文字があんなに小さく、ファミリー向けスペックもたくさんある。ご存知だろうか。きれいな身なりで化粧もほどこしているがよくみると70歳ぐらいの女性が、スーパーマーケットの洗剤売場で15分も動かないことを。商品パッケージもコーナーサインも見にくく、そこでずっと迷っているのだ。たしかにそれが食器洗剤なのか、台所洗剤なのか、バストイレ洗剤なのか、掃除洗剤なのか、分りにくい。客動線調査を重ねているとそんな光景にたくさん出会う。スーパーはそんな高齢者に対してもっともっと優しくならなければならないが、巣鴨地蔵通り商店街のような売場を作ることはその20代～40代のお客さまを相手にしてきた歴史、遺伝子から考えても難しいのではないだろうか。

若い人は新商品に関心がある。だから新商品が出たらすぐ売場に並べる。新商品コーナーをつくる。新商品を試用試食する場をつくる。新商品の売場実現率にこだわるのだ。

重ねてきた客動線調査の結果をみると20代、30代のお客さまは精肉売場、乳製品やチルド飲料やパンなどの洋日配売場、カレー・中華などの料理調味料売場、パスタ売場、飲料冷蔵売場、菓子売場への立寄り率が共通して高い。それらの売場の品揃えを豊富にし、価格以外の情報発信を増やす。

20代から40代のお客さまの生活を具体的にみて、品揃えや売場づくりを考える。特に30代、40代の子育てファミリーを狙うなら大量目品、低価格品、子供向け商材が重要になる。DINKSと呼ばれる共働き子供なしのお客さまを狙うなら小量目、半調理品、総菜、明日の朝食材料が重要になる。

共働き、子育て中のお客さまは忙しい。今日のごはん、明日の朝食がすぐ決まる、すぐ買える売場にする。カットアイテムや半調理品、メニュー提案、クロス・マーチャンダイジング（関連販売）、朝食材料をレジ近くに集めた売場づくりなどを特に考える必要がある。

きれいで清潔であること。通路幅が広いこと。若いお客さまはきれいでない、ごちゃごちゃした売場は好きではない。

スマホなどの携帯端末を味方につける。ネットを通じて情報で刺激して売場に呼び込む。O2O（オンライン・トゥー・オフライン）と呼ばれるコミュニケーションだ。いまのところコンビニエンスストアのほうがずっと先にいっている。若い世代に支持してもらうには避けては通れない。

（4）シニアに優しい店づくり

もちろん、高齢者にもっともっと優しい店づくりも必要である。

シニアカテゴリーに力を入れるのだ。客動線調査結果をみると60代以上のお客さまは主通路上の島売場、花卉売場、豆腐・漬物売場、魚売場、総菜売場、酒非冷売場への立寄り率が共通して高い。それらの売場では特に高齢者向けの配慮をする。売場の背を低くする。大きなサイズと文字のPOPを増やす。低い位置からの情報発信にする。

前にふれた巣鴨地蔵通り商店街やダイシン百貨店の売場をみると、次の売場が大きい。漬物、和菓子、穀類、味噌、米菓、半生菓子、飴、茶葉、健康食品、介護食・介護用品、おむつ、ペット用品、下着、高齢者衣料、アクセサリー、ヘアカラー、帽子、くつ・スリッパ、線香、カイロ、サポーター、すべり止め、杖、シニアカート、健康器具、テープレコーダー、入歯用品、シニアグラス、関節薬、仏具などである。もちろんすべてではないが、いずれかの商品は拡大することを検討してもいいだろう。

そのほか小量目品の導入を検討する。ロングセラー商品を安易に絞り込まない。シニアデーを推進する。

売場の背を高くしない。可能ならば低くする。わかりやすい、迷わせない売場にする。大きいサイズと文字のコーナーサインに変える。ＰＯＰの掲出位置を低くする。価格以外に健康や自然、昔の味、ＴＶで紹介など価値メッセージを加える。巣鴨を歩くとそれらのことがよくわかる。

接客力を鍛える。高齢者は話したがっている。休憩スペースをつくる。広げる。主通路上にかご置き場をつくる。

（5）お客さまとの新しい出会い方

スーパーマーケットだけであり続ける必要はない。お客さまが変化しているのだから、お客さまとの新しい出会い方を準備することは当然ともいえる。ミニスーパーの出店、コンビニエンスストアのフランチャイズへの参加、無店舗販売事業の立上げなどを検討する。

3. 商圏のお客さま利用の増加

(1) CRMの取り組み

スーパーマーケット、コンビニエンスストア、ドラッグストア、ファストフードなどすべてのお客さま接点に共通することだが、市場は縮んでいるのだから足元商圏のお客さまの利用を増やすことが基本的な課題となる。

ひとつの手法はCRM（カスタマー・リレーションシップ・マネジメント）と呼ばれるもので、お客さまと継続的に良好な関係を築いていくことをいう。面のエリアシェアではなく、個々のお客さまのライフタイムシェアを上げる取り組みである。

ただし、お客さまの購買履歴データであるID-POSデータを分析してお客さまと長期的関係を築くことだけをCRMととらえている人も少なくない。日用品業界ではCRM、食品業界ではFSP（フリークエント・ショッパーズ・プログラム）と呼ばれてID-POSデータ分析からの品揃え、売場づくり、販促が取り組まれている。

しかし、個々のお客さまのライフタイムシェアを上げる手段は多様だ。品揃えと売場づくり、人の力やサービス、情報のすべてを考え、取り組んでいく必要がある。ＩＤ-ＰＯＳデータからの組立てはそのなかの一手法にすぎない。

たとえば見やすい・探しやすい・買い物しやすい店、生鮮ではキメ細かな商品づくり、価格以外の豊富な価値メッセージ発信、いつも何かやっていて売れ筋や新商品が必ずある売場、カード会員向け販促の充実、行き届いたクリンリネス、笑顔で丁寧な接客、お客さまを名前で呼べる従業員、レジ待ち・売価違いの抑制、納期回答（ＡＴＰ）、クリーニングなどのサービス機能拡充、使いやすい駐車場などは、別にＩＤ-ＰＯＳデータを見なくても、お客さまに再来店してもらうために当然検討すべきことである。レジ担当者の笑顔、売場にいる従業員たちの親切さがどれほど再来店を獲得していることか。

（2）O2O（オンライン・トゥー・オフライン）

生活者が様々な情報を入手し、購買行動を決めるようになり、従来の高度経済成長時代のマス・マーケティングの手法が通用しない時代となりつつある。

従来、日本の消費財マーケットは4～5人のニューファミリー層に支えられて成長してきたが、少子高齢化や女性の社会進出により大きく構造変化してきた。

購買者は、女性中心からシニア・独身男性へと広がり始め、様々な顧客へのマーケティングが必要となった。

また、様々な購買チャネルの進化に伴い、購買者は都合に合わせて様々なチャネルを使い分けることにより効率良く生活するようになってきている。

SNS（ソーシャル・ネットワーク・サービス）の口コミで良い商品を発掘し、忙しい時はスマートフォンで昼休みに注文し、帰宅時間に届けてもらうといった購買パターンも広がり始めている。同じ人が都合に合わせて、リアル（実際の店舗）とヴァーチャル（ネット・EC市場）の両方を活用するのである。

ただ、日本の日常購買では生鮮食品の比重が高く、ネットスーパーでも実際のリアル店舗を利用するケースが多い。こうしたネット購買のデータをリアル店舗でのマーケティングに活用すべきである。オンラインとオフラインの融合したO2O（オンライン・トゥー・オフライン）がマーケティングの鍵となる可能性が高い。

（3）ショッパー・マーケティング

米国を中心に生活者を購買者（ショッパー）と使用者（消費者）とに分類し、購入に関わるマーケティングのターゲットとして購買者であるショッパーに注目したマーケティング手法が展開されている。ショッパーは自ら使用しない製品の購買（代理購買）を行うこともあり、売場においてどういう情報発信をし、購買へ誘引するかが鍵となる。

ショッパーはSNSの進化により多種多様な情報を簡単に入手し、購買決定をするケースも散見される。今後のマーケティングでは、購買者との情報コミュニケーションが重要となると考えられる。小売業よりFSPデータの開示も進み、性別・年代別の購買データの解析により、従来のPOSデータでは見ることができなかった購買実態が解明されつつある。

最近ではキヨスクの端末活用で、個別ターゲットへクーポン配布するというアプローチも出始めた。

また、東日本大震災以降、非常食の購買行動が見られたり、食品への毒物混入事件をきっかけに安心安全の点からメーカーへのこだわりが強まる傾向が見られるなど、社会的事象による変化も起きている。

今後も社会環境の変化や情報機器の進化に伴い、ショッパーが利用する販売チャネルの変化やブランドへのこだわりが変化することも予測される。これに関連し、SNSによる情報分析サービスも登場しつつある。

4. メーカー・卸の「多次元接点戦略」

以上のようなお客さま接点の変容、そして各業態が直面している課題に対してメーカーや卸はどう取り組んでいかなくてはならないか。

市場調査研究所（現・日本マーケティング研究所）社長や戦略デザイン研究所所長を務めた故・水口健次は「接点の差はお客さま願望の差、だから接点の差は商品と売り方の差を要請する」と言い「多次元接点戦略」を提案した。もう四半世紀前の話だ。製造業・卸売業は今まさにこの多次元接点戦略を進める必要がある。

「多接点」ではない。モノ願望（食材・日用品）／コト願望（食事・生活）というまったく異質のお客さま願望にまたがるので、「多次元接点」戦略と呼ぶ。水口が提案した頃より、いまはずっと「多次元」な接点になってしまっている。

お客さま接点は大きく「モノ願望接点」（食品・日用品といったモノ願望を受け止めるスーパーマーケットの食品・日用品売場、ドラッグストア、ディスカウントストア）とそこにつながる卸売業、および「コト願望接点」（食事・暮らし方といったコト願望を受け止めるスーパーマーケットの総菜売場、コンビニエンスストア、ファストフード・外食）とそこにつながる業務用卸、製造業の大きく2つに分けて捉えることができる。

「モノ願望接点」と「コト願望接点」ではお客さまニーズとお客さま接点の課題が違うため、サプライヤー営業として必要とされる技法が違ってくる。したがって「モノ願望接点」「コト願望接点」ごとにマーケティングミックス（商品・流通政策・コミュニケーション・営業）、および組織体制を準備する必要がある。

（1）「モノ願望接点」への営業

モノ願望接点（食品・日用品といったモノ願望を受け止めるスーパーマーケットの食品・日用品売場、ドラッグストア、ディスカウントストア）に対しては、そのお客さま接点の課題から考えるとNBだけでなくPBを準備する力がこれからは重要になるだろう。

旧世代のモノ願望接点といえるスーパーマーケットに対しては、それがコストリーダーシップ方針の得意先である場合は調達窓口担当者の深い理解や価格面の対応を前面に出すところからスタートする必要がある。また、差別化方針の得意先である場合はその中心課題である、ロス撲滅・需要創造など価格以外での提案営業を特に進める必要がある。

コストリーダーシップ方針にせよ差別化方針にせよ、スーパーマーケットに対してなによりも重要になるのは、新世代のモノ願望接点といえるドラッグストア、ディスカウントストアと、コト願望接点のコンビニエンスストア、ファストフード、そしてサービス接点の無店舗販売ができない売り方や、モノ願望接点としての主要カテゴリーを元気にすることを手伝うことだ。

これに対して、拡大する新・モノ願望接点のドラッグストア、ディスカウントストアには、その基本方針であるＥＤＬＰ・ＥＤＬＣに対応した営業が必要になる。ＥＤＬＰ・ＥＤＬＣが前提なのでコスト構造の違うＮＢもしくはＰＢを用意するとともに、リベート、アローワンス、特別条件などの対応が必要だ。

ローコストの売場、作業効率のよい売場にする手伝いのためには、品揃えや棚割の工夫のほか、什器の工夫、商品補充の応援も検討しなければならない。

まず、バイヤー密着、キーマンとの信頼づくりが重要だ。組織をあげての取り組み型営業は、ＰＢ導入含めて得意先に影響を与える存在になったあとと考える方が妥当だ。

また、ＥＤＬＰ・ＥＤＬＣ接点はお客さまの支持が高い商品だけはきちんと品揃えしようとするのでブランド力を発揮しやすい。

一方、企業にもよるが、ドラッグストアやディスカウントストアは従業員数が最小限に抑制されたローコスト運営ゆえに、売場実現度がよくない。店舗営業体制に応じた売場実現の追求が必要だ。

ドラッグストアについて補足する。薬局・薬店から急速にチェーンストアになり、食品もたくさん品揃えする生活カバレッジの高いお客さま接点に進化した。チェーンストアになるときはチェーンオペレーションのノウハウをもつ総合スーパーの人材をたくさん取り込み、食品を増やすときはスーパーマーケットの人材を取り込んできた。さらにたくさんの同業他社を取り込みながら大きくなっている。そのため、人によって考え方が違う場合が多い。経歴の違い、そのことから生じた派閥によって方針が違う。人と課題のヒエラルキーがきちんと成立していない。必然的に会社の方針への対応よりも、バイヤー密着、キーマンの信頼づくりの営業が重要になる。急拡大しているゆえにキーマンを見極めてアプローチしなくてはならないという点ではディスカウントストアも同様といえる。

ドラッグストアの主力はヘルスケア商品、ビューティケア商品、日用品である。その商品を持つ有力日用品メーカーに限ってはドラッグストアに対しても、後に説明する非価格の課題解決の営業手法が可能だ。有力日用品メーカーはドラッグストアがまだ薬局薬店のころからパートナーとして一緒に育ってきた。食品メーカーがスーパーマーケットとともに大きくなったように、トップもよく知っている。食品メーカーとは比較にならないトレードプロモーションコスト（流通販促費）としてリベート、アローワンス、特別条件が使われている。たいへん大きな店舗営業体制をもつ。それぞれの店で固有名詞で呼べるお客さまをたくさん抱えるビューテイカウンセラーまで含めれば、とんでもない数の人間がドラッグストアチェーンにはりついている。もっともそれが、ドラッグストアの真の自立を阻んでいるとも言えるのだが。

たとえば、あるビューティケアメーカーは有力ドラッグストアとこんな取り組みをしている。

第1に新型店開発支援。得意先の新型店構想にたいして新コンセプト売場の提案をする。

第2に、ブランド別キャンペーン。

第3にワクワクする売場づくり。お客さまが立寄る情報発信に満ちた売場づくりの取り組みである。もちろんメーカーの店舗営業体制によって実現されていく。

第4に従業員スキルアップ。ヘルスケアやビューティケアの商品は売り手に知識が必要だ。従業員教育が欠かせない。

会社レベルの取り組み型営業にもなっている。得意先の専務、メーカーの常務がそれぞれの「総指揮」という位置につき、各階層と機能が組み合わさっている。得意先はマーケティング部、店舗運営部、電算室も取り組みに参加している。このメーカーは店舗対応体制を信じられないことに計600名としている。

（2）「コト願望接点」への営業

よく「業務用営業」と呼ばれるコト願望接点（食事・暮らし方といったコト願望を受け止めるスーパーマーケットの総菜売場、コンビニエンスストア、ファストフード・外食）への営業に必要なスキルは、モノ願望接点のモノを売る技法ではなく、食事・生活というコトを準備する力である。したがって、モノ願望接点の営業が兼ねるのは難しい。多くの場合、技術スタッフや他の部門と組んだスケールの大きな取り組み型営業が必要になる。よって組織体制もモノ願望接点営業とは別の組織になる。

業務用営業は、お客さま接点の段階でブランドが消える営業と、消えない営業に大別できる。酒類や生鮮の強いブランドは業務用のお客さま接点でも生きている。

得意先が製造業や加工メーカーの場合は、自社の技術スタッフとの協働が一番のキーアクションになる。対象が業務用卸の場合は、お客さま接点への同行営業、得意先の会議参加、そのことによる得意先理解とお客さま接点理解、お客さま接点やお客さまへの価値の伝達がとくに重要なアクションといえる。ファストフードや外食の場合はお客さま、お客さま接点、競合などの各関与者の調査からの課題発見と、自社の技術スタッフとの協働が大事である。スーパーなどの小売業の場合は、得意先の重点課題の把握、お役立ち取り組み提案、お客さま・お客さま接点・競合などの各関与者の調査からの課題発見が重要になる。

コト願望接点には、コンビニエンスストアも含まれる。コンビニエンスストアはスーパーマーケットやドラッグストアと違い、もともと「利便」というコト価値を提供する業態である。基本方針として、すぐ食べられる「コト」商品を増やしている。モノの品揃えもプライベートブランド主体にしようとしている。製造業や卸売業からみれば、コンビニエンスストアはブランドが消える接点になってしまっている。

そのコンビニエンスストアへの営業のキーアクションは次のように整理できる。

有力コンビニエンスストアはどれも大きな組織である。意思決定にかかわる担当者がたくさんいる。たとえば、仕入部、商品部、販促部、物流部、ベンダー（製造会社）などだ。必然的に複数人数による組織的営業になる。

各階層との合意が要る。バイヤーの合意は「入口」であり、担当部長、商品部長、トップと上の階層の合意を経て、その合意の実現は完全に保証される。

技術スタッフを充実させなくてはならない。開発テーマは膨大にあり、製造方法をマスターしてもらわなくてはならないベンダー、製造ラインがたくさんある。

学習プログラムを植え込む必要がある。多頻度に商品開発があり、製造方法修正がある。その都度の指導でなく、定期的な学習会でそれらの案件をこなしていく必要がある。

得意先の販売データ分析とともに、得意先が持っていない市場データ分析からの提案が要る。そうしないと新しい切り口が出てこない。

得意先がコンビニエンスストアでもファストフードでも製造業でも、業務用営業の目標は商品をつくることではない。得意先の商品計画を一緒に作る戦略パートナーの関係になることである。でないと業務用営業は安定しない。商品の採用に熱中していると、採用されればよいが不採用ならゼロである。業績の凸凹が激しい。毎年、得意先と自社が相談して作る商品を決めている、という状態にしない限りそこから脱け出すことはできない。

(3)「サービス願望接点」への営業

モノでもコトでも、その価値が家に届く事業を「サービス願望接点」と呼ぶ。ネット通販、食事宅配などの無店舗販売がそうだ。食品や日用品の無店舗販売の市場規模はまだそれほど大きくないが、この市場縮小の時代に急伸している。

サービス願望接点への営業は「売る」というよりも「知る」が現段階での重要なアクションといえる。

サービス願望接点を利用するお客さまを理解する。お客さまは無店舗販売をどのように利用しているか、どんな不満をもっているか、利用を増やしていきそうか、知る必要がある。いろいろな調査機関から調査データがあがってきているが、自分の所属するカテゴリーについてのお客さまの願望や購買行動についてはは掘り下げられていない。

サービス願望接点を理解する。有力企業のビジネスの仕組みや特徴を把握する。どこもサービス願望接点の理解は不足している。理解を深めるにはサービス願望接点との取引に積極的に入っていくべきだ。業種を超えて、サービス願望接点との取引経験が長い企業に学んでいく必要もある。たとえば、食品・日用品業界のなかでも化粧品会社は無店舗販売チャネルの売上構成比が高い。食品・日用品の会社よりも家電メーカーのほうが無店舗販売事業との取引経験が豊富である。

成功例を集めて分析する。まだ発展段階にある市場なのでノウハウが体系化されていない。成功事例をたくさん集めてタイプ分類し、体系化していく。そういう作業をサービス願望接点とやりとりしながら進めていく。こうやったらうまくいくというベストプラクティス（成功例）を集める。どんな商品が適しているか、どんな販促が効果的か、広告はどうすれば効果が出るかをもっともっとたくさん集めて体系化する。

無店舗販売は店舗販売と競争している。したがって、店舗にはない価値を揃えようとする。家に届くという価値だけで済ませようとしない。無店舗販売でしか手に入らないオリジナルの商品を準備する必要がある。

(4)新しい市場をつくる新価値商品の開発

メーカーや卸には多次元接点への新しい営業が必要であるが、それとともに新しい市場をつくる新価値商品の開発が重要になっている。従来のモノの延長線上ではモノ願望が縮む中、大きく売ることはもはや困難だからだ。営業のスキルや体制を革新するだけでは済まない。

たとえば、食品業界ではネスレのバリスタの成功が大きな刺激になっている。バリスタは、コーヒーパウダーを入れてお湯を注ぐという家庭でのインスタントコーヒーの飲み方を、外のカフェ専門店と同じコーヒーを家庭で味わうに変えてしまった。7000円台、8000円台というバリスタマシンだが、いまやどのスーパーにも店内で最高価格の商品として陳列されている。

(5)コミュニケーションの「多次元接点戦略」

モノやコトがお客さまと出会うのは、購入接点だけではない。たくさんのコミュニケーション接点を通じて出会うようになっている。製造業も卸売業も、モノ願望接点もコト願望接点も、コミュニケーションの多次元接点戦略を組み立てる必要がある。

その設計は、お客さまの生活動線に沿って組み立てていくしかない。

平日、朝起きてテレビをつける。スマホをひらく。通勤・通学の途中に看板広告や電子掲示板を見る。電車で通う人は駅で商品に接し、電車の中吊り広告をみてスマホをのぞきつづける。会社についたらＰＣをみる。仕事中もスマホが手放せない。休日はショッピングセンターやパブリックスペース、レストラン、アミューズメント施設に行く。やはり常にスマホをのぞいている。これらのすべてがコミュニケーション接点である。

中でも、スマホなどのモバイル端末が大きな位置を占めている。このオンライン・コミュニケーション接点をいかにうまく活用してリアルのオフライン購買接点やバーチャルのオンライン購買接点での買い物に結び付けるかが重要な課題だ。

ある菓子メーカーの営業担当者がこんなことを言っていた。成田空港に近い大型商業施設で緑茶味のチョコ菓子がたいへんよく売れるという。そこは場所柄、外国人観光客の利用が多く、特にアジアでは緑茶味の菓子がブームになっているためらしい。ただ、不思議なのは彼らの購入はキットカット緑茶味に特に集中していることだ。催事場で緑茶味商品を島陳列しても、そのキットカット緑茶味ばかりが急速に売れていくという。調べてみたら理由がわかった。その商品だけ、アジアからの観光客がよくみるサイトで紹介されていた。

モノ願望接点では家電量販店のオンライン接点利用が代表的だ。家電量販店は店舗での販売だけでなくネットでの販売にも積極的で、自社サイト、アマゾンや楽天などのマーケットプレイス、価格．ｃｏｍなどの比較サイトの3つのオンライン接点を販売チャネルおよびコミュニケーション接点として活用している。スーパーマーケットも自社サイトであるネットスーパーを拡大しているが、マーケットプレイスや比較サイトのようなサービス願望接点事業者の活用にまでは拡大していない。

コト願望接点ではコンビニエンスストアのオンライン接点活用がすすんでいる。コンビニエンスストアは、アマゾンや楽天などのサービス願望接点で購入した商品の受け渡し場所になっている。ツイッター、フェイスブック、ラインといったSNSをコミュニケーション接点として積極的に活用している。

これまでの成功体験、蓄積してきたノウハウが効かない新しいお客さま接点で成果をあげていくことは容易なことではない。頭でわかっていても体が動かない。それでも我々は、未体験の多次元接点市場に向かっていかなくてはならない。

第2章

サプライヤー営業の課題と戦略

1. 営業の使命と役割

(1)価値を実現する

企業活動における基幹的な機能としての「営業」は通常、商品やサービスを「販売」することととらえられている。もちろんそれは間違いではないが、企業にとって営業という機能の目的、使命は何なのか掘り下げて考えると、単なる「販売」として済ませるわけにはいかない。

企業にとって「営業」の目的、使命とは、様々な経営資源を用いて自社が準備した「価値を実現する」ということである。「価値を実現する」とは「お客さま（消費者）に価値を届ける」ということである。調達、生産、企画開発、財務総務などの他部門が「価値を準備する」。営業はその「価値を実現する」。

これはメーカーでも卸売業でも小売業でも変わらない。メーカーや卸売業からみても、最終的にその商品を使用するのは「お客さま（消費者）」であるから、価値を届けるのはお客さまである。モノが普及する時代には市場の決定権はメーカーや卸売業が握っていたが、モノがいきわたり選択するいま、市場の決定権は「お客さま」にあるということだ。

「価値を実現する」ということは、別の言い方をすれば会社がかけたすべてのコストにマージンをのせて回収することである。「お客さま」の前にいる流通業者に売ること、売上を上げることはその手段である。お客さまに自社の商品やサービスが届かない（お客さまが選択しない）のであれば、あるいは自社がかけたコストをお客さまから回収できない（お客さまがそれだけの対価を支払わない）のであれば、その事業はやっていけなくなる。

こうした営業の目的と使命は、マイケル・E・ポーターの価値連鎖図と水口健次の販売関与者構造図をつないで表すことができる（図6）。

とくに水口健次の販売関与者構造図をみてほしい。お客さま（消費者）、お客さま接点（小売業）店舗、お客さま接点（小売業）本部、卸売業、製造業（メーカー）、影響者の6人の関与者がいる。どの市場にも最低この6人の関与者がいる。業務用になるともうひとつメーカーを追加する必要があるだろうし、業界ごとに関与者構造図があっていいだろう。ちなみに、お客さま接点とは飲食業やサービス業の一部を含む小売業であり、多くが多数の店を持ちチェーンオペレーションされているため本部と店舗に分けてある。影響者とは、他の関与者に影響を与える行政・メディア・団体・産業などを指す。

関与者がたくさんの線で結ばれている。この10本の線は「説得場面」である。営業が「価値を実現する」ということは、この6人の関与者をよく理解し、10本の「説得場面」の説得力を

図6　営業の目的と使命

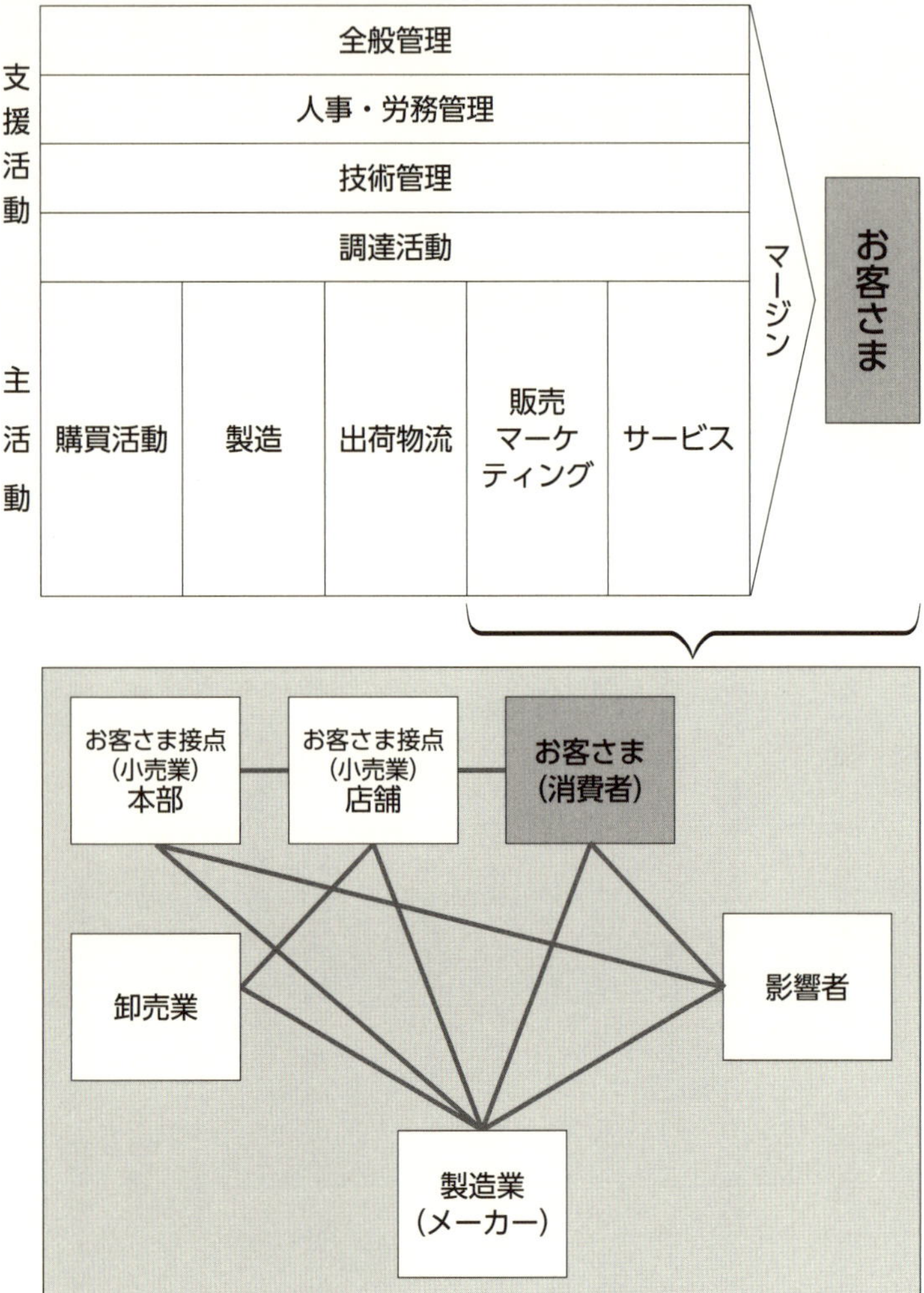

出典：マイケル・E・ポーターの価値連鎖図と水口健次の販売関与者構造図より

上げることにほかならない。

たとえば、メーカーの営業はお客さま接点（小売業）本部の調達窓口とだけ交渉しても実績を上げることはむずかしい。お客さま（消費者）とお客さま接点（小売業）店舗の事実の把握、卸売業との連携などがあってこそ目標に到達できる。お客さま接点（小売業）店舗は、お客さま接点（小売業）本部の指示にしたがうだけで実績を上げることはできない。その商圏のお客さまの思いに応えた売場や競合店にはないサービスを準備し、メーカーや卸売業の営業の力を取り込むことで実績を上げることができる。

（2）経験と直観と科学

営業の現実は、第1に経験、第2に直観、第3に科学、である。

会社によってこの3つの重みづけは違う。営業会議に参加しているとよくわかる。ある会社の営業は、立てた目標や計画について実績数値や行動記録を説明して終わる。別の会社の営業は、立てた目標や計画について実績数値や行動記録以外に、その実績数値に至った理由を具体的に説明した報告書、わかりやすくまとめたフローチャート、対象企業の組織図や関与者構造図、これからの課題を整理したメモ、自己採点表などを使って説明する。

前者は「経験」と「直観」のみの個人の内にとどまる営業であり、後者はその「経験」が「科学」によって誰でも真似できる状態になった営業である。科学とは論理と事実によって事象を文脈化、体系化し、誰でも真似できる状態にすることである。営業組織全体を強くしようと思ったら、個人の内に留まる「経験」と「直観」を「科学」によって誰もが使えるノウハウに標準化していく必要がある。

メーカーでは理論武装してなんでもわかったような顔をして現場を見下す本社スタッフや外部コンサルタントを、流通業では出身企業や過去の成功体験で得た体系をその企業固有の環境与件や内部条件と関係なくそのままあてはめようとするコンサルタントを、よくみかける。自戒をこめて言っている。

外部のコンサルタントや内部の本社スタッフは、科学、つまり論理と事実によって営業を説明する。それは、営業それぞれの業種、事業、地域、チャネルについては経験がほとんどないため、論理と事実でしか説得できないからだ。そこに齟齬が生じる。本社・本部や外部が立てた戦略が計画どおりに展開されない場合も出てくる。

営業に論理と事実は必要である。しかし、それは営業担当者の経験と直観を支援するものとして位置づけられなくてはならない。本社・本部から出される戦略・戦術は、現場で起こっている事実と、営業の経験と直観をきちんと受け止めて体系化されたものでなくてはならない。

2. サプライヤー営業が直面する3つの壁

(1) 組織の壁

さまざまなメーカーや卸の営業部門をみると、そこには日々の活動において乗り越えなければならない3つの大きな壁があるように思われる。

まず、組織の壁である。営業部門に対しては本社の商品開発部門、マーケティング部門や営業企画部門などいろいろな部門から日々、様々な情報が発信され、また経営会議・支店長会議・マネージャー会議などのためとしてデータの提出や報告依頼も後を絶たない。

しかし、受け手の営業部門は多忙を極め、それらを消化しきれていない。まして、同じような報告をさせられることで時間のみならず意欲も失われていく。提出した報告などに対する本社からのフィードバックがないことがさらに不満となる。

こうした本社と現場の間の壁は次第に拡大する傾向すらあり、多くのサプライヤーにおいて大きな課題となっている。

(2) 世代の壁

現在の営業マネージャーは若い頃にバブル景気を経験し、年間契約など各種条件を駆使して売上を作るプッシュ型営業で成績を伸ばしてきた人が多い。そのため、一匹オオカミ的な行動スタイルを得意とし、企業対企業の取り組みを仕掛ける組織型営業についての意識がややもすると低い。

また、ITを苦手としてきたためか、POSデータ・ID-POSデータや各種データ等を使って売れる仕組みをつくる提案型営業の経験が少ない。

しかし、これからのサプライヤー営業においてマネージャーは、エリアマーケティングを実践するキーマンとして中心的な役割を担わなければならない。若手の営業担当者とともに、あるいは若手をリードしながら、重点企業との取り組みをコーディネートし、「協働取り組み型」営業を推進することが求められる。

それなのにかつての成功体験に拘泥しこれからの時代が求めるチームリーダーとしての意識とノウハウに切り替えられないとしたら、部下との溝は深まるばかりで営業部門全体として大きなロスとなる。これが世代の壁である。

（3）発想の壁

いまだ多くのサプライヤー営業の仕事が、得意先のバイヤーに対する新製品の案内と短期的な販促企画の提案に終始している。

これでは本来やらなければいけない会社対会社の取り組みの推進、中期的な目標とその実現のために必要な戦術（具体的な取り組み内容）の合意・実行が十分できない。

根底にあるのは、短期的なプッシュ型お願い営業や単独営業を当たり前と考え、自分でなんとかしようとする発想だ。

営業担当者には社内のマネージャー、本社の開発部、マーケティング部、営業企画部等を巻き込むコーディネート力が求められていることを認識すべきだ。

また、得意先に対してもバイヤーだけでなく、チーフバイヤー、加工商品部長、加工商品部以外の部門、販促部、さらには経営者等を巻き込んでいくことで大きな成果がスムーズに出ることを理解すべきだ。

3. 目指すべき4つの革新

以上の3つの壁を破らない限り、新しいサプライヤー営業の形は見えてこない。しかし、壁を破ることそのものが目的なのではない。時代の変化、市場の変化に対応し、得意先とともにお客さまに価値を提供するサプライヤー営業本来の役割を取り戻すことがその目的である。

したがって、3つの壁が問題であることを認識しつつ、価値創造の場である店頭・現場を基点としていかなる革新を起こすべきかという視点から考えてみなければならない。具体的には、4つの革新があげられる。

(1) 定番売場提案の革新

定番売場は小売業にとって基本となるステージである。ここで安定した固定客をつかむことが、売上と利益の確保に欠かせない。店の立場からすれば自社商品のみを押し込んでくるようなサプライヤー営業は、定番売場づくりにとってマイナスの存在といえよう。

したがって、定番売場の提案においては、自社の商品の店頭化、優位置陳列を中心としたサプライヤー発想の提案から、カテゴリーの活性化と売場生産性のアップを目的とした提案への変革が必要である。それにはカテゴリーマネジメントの発想に基づき、カテゴリーの役割を明確にすることが欠かせない。例えば、ヤオコーの総菜のように当該カテゴリーによって他店との差別化を図るカテゴリーなのか、日常的な買い物で継続的な満足を与えるカテゴリーなのか、シーズンにさえあれば良いカテゴリーなのかなど分析・調査から始めなければならない。

そして、お客さまの視点でのデシジョンツリー（購入決定までの判断の流れ）を知り、お客さまが買いやすく選びやすい売場作りをサポートする。例えば、ワインを選ぶ時の基準は国、赤白、ブドウ品種、甘口辛口、価格、容量等いろいろある。健康を意識しポリフェノールの多い赤ワインしか飲まないお客さまにとっては赤白売場があると嬉しい。また、価格を決めていて平日は500円、週末は1000円で料理によって赤・白・発泡を使い分けているお客さまには価格別の売場が嬉しい。お客さまがカテゴリーで何を基準にして比較購買しているかを知ることなく、お客さまにとって買いやすく選びやすい売場の実現はありえない。

カテゴリーマネジメントは流通業の管理手法でその進め方、考え方はよく語られるが、サプライヤーにとってのカテゴリーマネジメントは語られることが少ない。サプライヤーにとってカテゴリーマネジメントの意味は、カテゴリー間競争に勝ち残っていくことである。常にカテゴリーの価値を高め続ける提案が必要である。消費者・ショッパーにとってのカテゴリーの価値を得意先と共有する。また、得意先にとってのカテゴリーの価値を高め続け、その中で自社のシェアアップを考える必要がある。

なぜカテゴリー視点が大事なのか。それは、消費者が小売の選別をカテゴリーで判断しているからである。そして何よりも大事なのは、カテゴリー視点はバイヤー視点だということである。バイヤーの社内評価は担当カテゴリーの売上と利益で決まる。当然バイヤーの関心はブランドやメーカーの状況ではなくカテゴリーにある。つまり、サプライヤー視点の売場提案からカテゴリー視点での売場活性化提案が求められているのである。

(2) 販促企画提案の革新

売り方の革新とは、従来の「条件刺激型」の営業から「企画刺激型」の営業への革新にほかならない。

サプライヤー営業の企画書といわれるものが、条件書とほとんど変わらないというのが今までの通例である。条件書しか持って行かないから条件の話に終始してしまうのであって、本当に有効な企画を提案すれば条件刺激が少なくても企画は決まるのである。条件によるプッシュ型の営業から、店頭で売れる企画提案によるプル型の営業への革新が必要である。

そのためには52週のどこのタイミングに、どのエンド、どのコーナーで、どの商品とどの商品を組み合わせ、どのような売り方で売るのかを提案する必要がある。52週の販売指数、旬・トレンド、消費者の生活行動、得意先の重点商品・販売計画を知り、売りのタイミングをとらえた売り方をする必要がある。

例えば、52週でルーカレーの販売指数が最も高いのは8月中旬のお盆明けの週である。お盆にさしみやすき焼き、お寿司などハレのメニューを食べ、出費もかさんだお客さまは安価でしかも簡便なメニューを選ぶ。そのためこの週はカレーが一番売れる週になっている。52週の単純な売れ行きの順位だけでなく、なぜそうなったのかという理由が分かってこそ企画につながるのである。そうすれば単純なルーカレーの企画だけでなく、カレー用肉、シーフードカレー用海鮮、ナン、ニンジン、ジャガイモ、カツカレー用とんかつ等の関連商材にもアイデアは広がるだろう。メニュー提案・食べ方提案を踏まえたクロス・マーチャンダイジングを実施し、売場全体を巻き込んで展開する仕掛けが可能になるはずだ。企画のタイミングを発見し、膨らませ、そして実施する。そういった企画刺激を提案し続けることが売り方の革新につながる。

昨今、カテゴリーによってEDLPを取り入れる企業が増えてきている。従来は2リットルのペット飲料一律188円、カップ麺98円という売り方であったが、最近は企業によって工夫がこらされてきている。しかし、例えばカップ麺でも98円を基本としながら新製品は138円、

Aランクのカップヌードルも138円とするような値入れミスの事例を見受ける。EDLPはメーカーにとって望ましい売り方ではないがそれに目をつぶるのではなく、得意先にもメリットがありブランド価値も大きく棄損しないEDLPの実施方法を提案するのも今後は必要で、これも販促の革新である。

(3) 商談の革新

サプライヤー営業の商談では契約の締結、進捗状況の確認、定期的な販促提案、厳しい条件交渉、溢れるほどの新製品の紹介等々、膨大な業務をこなさないといけない。しかし、その実態はというと商談場所への行き帰りで60分、商談待ち時間が60分、実際の商談時間は10～15分というものである。2時間の時間を費やして10～15分の商談しかできていないのだ。

ではどのような商談の革新が必要であろうか。

まず、通常の商談時間で有効な商談を期待するのは無理である。商談時間以外の機会を設けて取り組みを行うことが必要である。それも、自社に来てもらっての取り組み会議が必要である。ポイントとなるのはチーム対応である。本社・支店・営業担当者それぞれの役割を明確にし、消費者情報を中心としたカテゴリーの情報提供、カテゴリーの活性化のための中期の企画提案、オリジナルのイベント提案、新製品の案内、商品開発の打ち合わせ等を実施するのである。

営業とバイヤーの点と点の繋がりから、それぞれの関連部署を含めたチームでの取り組みをいかに仕掛けられるかが商談の革新に繋がる。半期に一度の取り組み会議で中期的な目標を共有化し、その目標実現のための戦略について合意する。その具体化を通常の商談で行い、四半期に1回進捗を確認する。半期で目標の達成状況と戦略の評価を行い、その結果と得意先の課題・方針を踏まえて次半期の目標・戦略を立案し、継続していくのである。これは商談から取り組みへの革新といえる。

（4）営業システムの革新

サプライヤー営業の取引きは通常、販売契約（扱い契約・販促契約等）をベースに月ごとの販促条件やアローワンスを加味する形で行われている。しかし、このやり方は売上が右肩上がりの時代にはそれなりの効果を発揮したが、成熟期に入った現状ではほとんど効果が見込めない。それにもかかわらずルーティン化しており、契約に関わる営業やスタッフの労力は膨大である。

また、営業は月々の販促条件の交渉と事務処理に追われ、本来大切な、クリエイティブな業務が全くできない。この状況を変えるためには取引制度の変革とテクノロジーの導入が必要である。形骸化した販売制度は廃止して、フェアな取引制度の導入やコンピューターネットワークによる情報の標準化とオープン化を行うのである。

提案型の営業を推進するうえでは、営業支援情報システムが必須である。例えば、伝票整理の無駄な時間を省くため、販促経費処理や商品登録等の処理系業務のシステム化を行う。また、より質の高い提案をタイムリーに実施するために、報告・定番提案・販促提案をそれぞれ支援するナレッジシステムを導入するのである。

無駄なものを無くし、本当に大切なものに資源を費やすために営業システムの革新が必要である。

（5）革新のための仕組みづくり

こうした4つの革新を達成するためには、全社的な仕組みが必要である。ここでは簡単に、組織、ツール、教育・訓練の3つの側面から考えてみよう。

①組織

4つの革新は本社・支店・営業所・営業が一体になり、それぞれの役割を果たしつつチームで対応する必要がある。

その中で特にキーになるのが本社の営業支援組織である。営業支援組織の役割は提案営業の基盤インフラを整備し、支援情報の収集と発信（ナレッジの収集・発信・テンプレート提供）、取り組みのサポート、教育などである。営業支援組織には専任のスタッフが必須であり、企業としての本気度と活動の質が4つの革新の成果が挙がるか否かの肝になるところである。

②ツール

「ツール」としては、契約・販促経費等の処理系の効率化ツールと企画提案支援系ツールが必要である。前者では、効率系ツールとして契約・販促処理ツール、商品登録ツール、SFAツールがある。後者では、ナレッジマネジメントツール、棚割ツール、POS分析ツール、ID-POS分析ツール、販促企画支援ツール、カテゴリーマネジメント支援ツール等がある。

③教育

そして、何より重要なのが「教育」である。従来の営業教育は大部分がOJTによって実施されてきた。人事主催の教育もあるが、どちらかというとマネージャーになるための知識教育が中心である。3つの壁を越え、4つの革新を行うためには従来のやり方を否定していかないといけない。従来の先輩・上司からOJTで伝えていくという手法だけではうまくいかない。

これからの営業担当者は全社活動の起点として、組織のメンバーをコーディネートし、各種ツールを駆使し、データを情報に変え、提案する存在でなければならない。そのためには新たな教育・訓練の仕組み、評価の仕組みを構築することも不可欠である。

4.「考える営業」への転換

（1）「考える営業」と「考えない営業」

営業を強化する場合、大きく分けて2つのアプローチがある。「考える営業」と「考えない営業」だ。

「考える営業」は、「人と現場」を強くするということだ。営業担当者それぞれが本社の考えた戦略を前提として、自分の担当領域についての市場理解を深めて戦術を立てる。そして、本社戦略を担当領域にピッタリはまるように修正・具体化し、実行、検証、更新し続けて目標に到達するのだ。

一方、「考えない営業」は、「本社戦略」を絶対視するということだ。営業は本社が指示した営業方法だけを忠実にこなす。たとえばメーカーの営業の場合、実際にこんな指示が出されたりする。得意先の課題お役立ちのソリューション営業はするな。利益商材のA商品と最大ボリューム商材のB商品について広告を大量投下するので、最低納価を提示して配荷と露出を極限まで上げ目標売上を達成しろ。小売業の場合は、本部からの指示がすべてに優先する本部主導型の運営がまさにこれにあたる。

そもそも、米国の営業は「考えない営業」といえる。米国のマーケティング体系には営業がほとんど登場してこない。エドモンド・ジェローム・マッカーシーが整理した有名なマーケティング機能の「4P」（商品、価格、プロモーション、流通）に「営業」は存在しない。最も支持されているマーケティングの教科書であるフィリップ・コトラーの『マーケティング・マネジメント』第3版を読んでも営業については10ページ程度しか触れられておらず、「セールス部隊の組織設計、監理」として説明されている。

米国では営業のことがよく「セールスレップ」という言葉で語られる。sales representativeの略で、メーカーと契約を結んで販売を代行する個人事業営業担当者のことだ。米国において営業とは、ひとにぎりのMBAが立てた戦略・戦術をすすめる「兵隊」でしかない。本社戦略の立案者と同じ給与体系で働き、人事によっては本社戦略の立案者にもなる日本の営業担当者とはまったく違う。

我々は、前者の「考える営業」の立場である。本社戦略は弱いほうがよいと言っているわけではない。本社戦略は明確で具体的でなくてはならない。それを踏まえた上で、営業としての自主性や創意工夫が必要なのである。

（2）「考える営業」の必要性

①考える営業の定義

あらためて、「考える営業」を定義しておこう。「考える営業」とは、本社の立てた戦略を前提として、担当の市場および得意先を深く理解し、様々な営業手法を組み合わせて計画の実行・検証・更新を続けることで目標達成を図る営業である。さらに、そこで得られた経験を会社の力にする営業のことである。

②未体験市場に挑まなくてはならない

生産と生活を変えていく亜熱帯化、迫りくる大震災への備え、中国問題、自由貿易の進展、世界一の高齢化、モノ願望の行き詰まりとコト願望の拡大。いずれもたいへん大きな市場変化圧力である。どれもこれまで体験したことない事態である。マーケティング先進国の米国にも答えがない。お客さま接点も、卸売業も、メーカーも、考えて考え抜かないと生き残れない。

③多次元接点に向かわなくてはならない

ドラッグストアやディスカウントストアなどの新しいモノ願望接点の台頭、総菜売場やコンビニエンスストアやファストフードなどのコト願望接点の拡大、それらの新接点に侵食され同業態でなく異業態との新たな差別化を模索するスーパーマーケットや総合スーパーのモノ願望接点。そんな多次元接点の時代となっている。いずれもいままでのノウハウでは通用しない。取り組み経験が蓄積されていない。考えてやってみる。それを繰り返すしかない。

④経験を会社の力にしなくてはならない

未体験市場における多次元接点とのビジネスは、まだ点々とした成功事例しかない。個々の経験にとどまっている。結集され体系化されていない。誰でも使えるノウハウになっていない。数値の報告では済まない。見る仲間にとって分かりやすくなければならない。文脈として見えなくてはならない。見ればわかる絵、チャート、写真でなくてはならない。みんながそういう意識を持って行動し、個人の経験を会社の力にしていく努力をしなくてはならない。

⑤会社が準備した価値を実現する

会社が準備した価値を実現する。それは、会社がかけたコストをマージンをつけて回収することにほかならない。

「営業は売上だ」。そんな営業部長の台詞を何度聞いたか。売上が利益を保証しない時代である。そういう戦略だからと言われればそれまでだが、そういう営業部長の号令下で、販促費率、販管費率が一向に下がらない。会社がかけたコストにマージンをつけて回収することがずっと危ういままでいることも事実だ。

価格による営業は、ブランドの露出を確保するためには必要だ。ただ、それは人脈づくりによって売上を確保していく努力、会社の力でブランド価値をお客さまに伝え届ける努力、価格以外の販促策で売上をつくる努力を同時に重ねることが条件だ。

「営業は売上だ」という思考停止営業ではなく、手段を尽くして売上だけでなく利益の確保もきちんと考える営業にならなくてはならない。

⑥本社戦略や商品が弱くても人が強ければ負けない

本社が準備する戦略や商品は、いつも適切とは限らない。現場の人が強ければ、市場や得意先をよく知り考えて動く習慣が身についていれば、会社が準備した価値に問題があったとしてもその価値を実現しつづけることができる。

⑦対象企業の選定

すべての得意先にたいして同じだけ力を発揮することは不可能である。考える営業の対象は重点得意先になる。

売上の8割は全顧客の2割が生み出している。イタリアの経済学者パレートの法則からそう言われている。実際、我々がこれまでお手伝いした企業は、売上の8割から6割を占める上位得意先を、重点得意先としていた。

そのうえで、重点得意先を分類して対象企業を絞り込む。もっとも一般的な分け方は、縦軸に対象カテゴリーの得意先売上高をとり、横軸に自社シェアをとり、4分割や6分割、9分割して得意先を分類する方法だ。基本的に高売上高・高シェア、高売上高・低シェアの得意先が対象企業になり、低売上高・高シェアの得意先は対象から除外される。得意先売上高と自社利益率でみる場合もある。

(3) 戦略を立案し実行する営業へ

①営業戦略とは

会社には階層・機能ごとに戦略がある。戦略の単位と言っていい。図7のとおりだ。まず、会社レベルの基本理念、ビジョン、経営戦略がある。これで会社が目指すところを示す。事業が複数ある場合は事業ごとに戦略が準備される。事業戦略は生産調達、研究開発、組織人事、

図7　戦略の単位

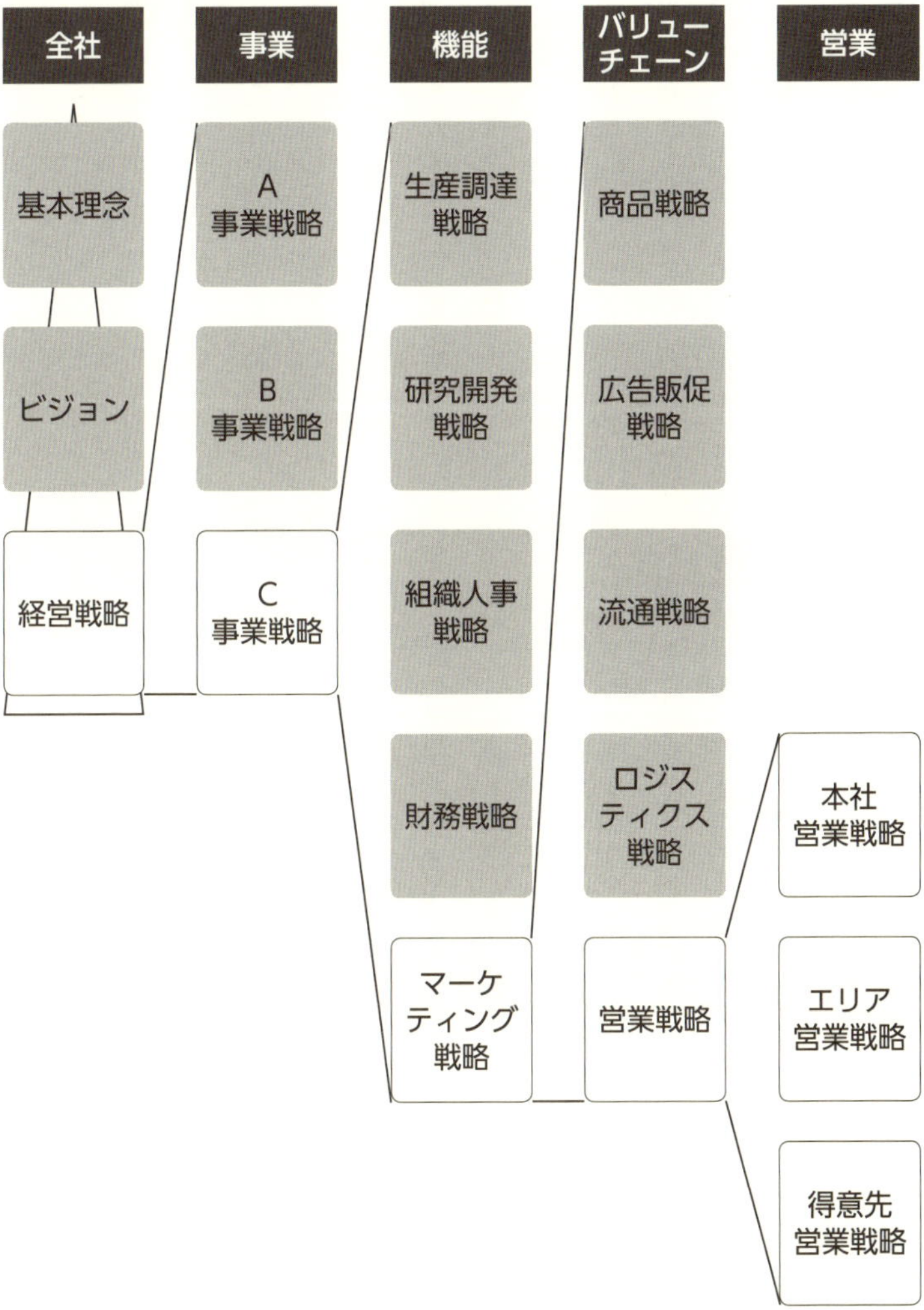

出典：二俣事務所

財務、マーケティングの各機能戦略で構成される。マーケティング戦略は商品、広告販促、流通、ロジスティクス、営業というバリューチェーンの各戦略によって成り立っている。営業戦略はさらに、本社戦略、エリア戦略、得意先戦略の3段階がある。

営業戦略は市場に接している。もっともお客さまの近くにある。だから、営業戦略とは会社の準備した価値を実現する戦略といえる。

1990年代はじめぐらいまでは、営業戦略は本社戦略とエリア戦略が主体で動いていた。チェーンオペレーションをする大きなお客さま接点が出現していたがまだブランド力の営業で済んでいたため得意先営業戦略という単位は一部の広域お客さま接点以外には、とくには具体化されていなかった。棚割やカテゴリーマネジメントの方法論が米国から上陸し、ソリューション営業への転換が叫ばれはじめたのは1990年代前半からである。日本中の主要なお客さま接点を対象として得意先営業戦略が組まれ始めたのもその頃である。1990年代、一部のお客さま接点企業による集客の寡占化が進展したことがその背景にある。主要な得意先ごとに計画を立てて営業をしていかなくては実績は挙がらなくなっていたのだ。

いまは多くのメーカー・卸売業が、得意先営業戦略を立てている。一部の有力なお客さま接点企業による集客の寡占化が進めば進むほど得意先営業戦略は重要になる。

ただし、その分、以前は非常に盛んであったエリア営業戦略の位置づけが低くなっている。

営業の使命はお客さまに価値を届けることである。それぞれのエリアでどれだけたくさんのお客さまに価値を届けられるか、満足していただけるか、である。そうである限り、得意先営業戦略と同じようにエリア営業戦略も重要だ。ポテンシャルの高いお客さま接点との取り組みだけでそのエリアの実績が上がるわけではない。大きな得意先との関係がよくなければ、エリア全体をみて実績の向上を図らなくてはならない。お客さまとの接点が移動し多様になっている多次元接点の時代に、これまでのように売上の大きかった主要得意先戦略に偏っているとお客さまとの出会いを減らしていく。

②戦略の４ステップ

戦略とは、事実からチャンスをみつけ目標を達成することである。水口健次は戦略を４つのステップに分けている（図8）。

Ⅰ　事実の分析とチャンスの探索
Ⅱ　課題と目標の決定
Ⅲ　戦略・戦術の構築
Ⅳ　実施・展開の保証

第Ⅰステップの「事実の分析とチャンスの探索」の内容は、市場（お客さま・流通・競合な

図8　戦略の4ステップ

戦略ステップ	製造業のマーケティング戦略	小売業のマーケティング戦略（カテゴリーマネジメント）
Ⅰ．事実の分析とチャンスの探索	・市場（お客さま・流通・競合など）の事実を分析する ・市場への実績の事実を分析する ・課題を整理する	・市場や実績の事実からカテゴリーの分け方、役割を決める ・市場の事実と実績を照らしてカテゴリーの改善余地を見つける
Ⅱ．課題と目標の決定	・重点課題を設定する ・定性／定量目標を決定する	・改善余地、対策案を整理する ・評価指標と目標値を決める
Ⅲ．戦略・戦術の構築	・マーケティングミクスを組む（商品・広告・販促・流通・営業・ロジスティクスの機能連結） ・各機能の具体的施策を計画する	・カテゴリーの戦略方向を決める ・戦術＝具体的な施策（品揃え・価格・販促・棚割）を計画する
Ⅳ．実施・展開の保証	・戦略が可能になる組織体制を組む ・具体的な展開スケジュールを組む ・実行し、ギャップフィリングを続ける	・本部から店にとおして実行する ・定期的にレビューする

出典：二俣事務所（4ステップは水口健次を踏襲）

ど）の事実を分析する、その市場への実績の事実を分析する、課題を整理する、の3つである。そのために用いるいろいろな考え方のフレームが紹介されている。代表的なものとして、4C分析がある。市場のコンシューマー（お客さま）、カスタマー（お客さま接点）、コンペティター（競合）、カンパニー（自社）の事実や課題を整理するときに使う。

第Ⅱステップの「課題と目標の決定」では、重点課題を設定し、またその重点課題を解決することで到達したい行動面の到達目標と実績数値の目標を決定する、という2つを行う。重点課題は第Ⅰステップでたくさん出てきた課題と課題を結びつけていき、3つ程度まで絞り込む。この部分では、「なぜ、なぜ、なぜ」というフレーズが有名だ。その課題にたいして「なぜ」

を3回、5回と繰り返した先に重点課題がある、という考え方だ。トヨタ自動車の大野耐一が著書『トヨタ生産方式』のなかで紹介し、それはいまだに世界標準のノウハウとなっている。そこから生まれた「ロジックツリー」というフレームも一般的になっている。課題を樹状図で示すことだ。このときも、前出のマーケティング機能分析やペンタゴンモデル分析の視点で集約していくことになる。

第Ⅲステップの「戦略・戦術の構築」は、設定した重点課題を解決するためのマーケティングミックスを組む。リサーチ・商品・広告・販促・流通・営業・ロジスティクスの連結だ。それから各機能の具体的施策を計画する。

さきほど「なぜ、なぜ、なぜ」を紹介したが、ここでは「ということは、ということは、ということは」を繰り返す。たとえば、「クローズドキャンペーンを強化する」という抽象的な表現でやめない。その対象・場面ではどんなクローズドキャンペーンをするか、個別具体的な施策に落としこまない限りリアリティはない。「店舗訪問を徹底する」ではなく、「月に何回以上訪問する」「どの店に行く」「誰に会って、何の話をしてくる」「どういう体制で進めるか」などである。

第Ⅳステップの「実施・展開の保証」では、戦略を実行する組織体制を組み、具体的な展開スケジュールを立てる。実行してみて、ギャップフィリングを続ける。戦略は展開されなくては意味がない。そのためには、それができる組織体制をつくらなくてはならない。いつ、誰が、どこに、何をやっていくかという具体的な工程表が要る。ギャップフィリングとは目標との格差を埋めるという意味だ。戦略は計画通りには進まない。つねに立てた目標・計画との差を生みながら進んでいく。だからその差を埋めるためのチェック、計画更新の場が必要となるのだ。

この戦略の4ステップはすべての産業に適用できるものだが、小売業にはこの4ステップと同じ考え方の「カテゴリーマネジメント」という戦略ステップがある。前にも触れたが、カテゴリーマネジメントとは、限定したカテゴリーの棚割と販促を指すものではない。小売業のマーケティング戦略のことだ。ただ、カテゴリー単位でそれを組み立てるのでそういうネーミングになっている。誤解を招きやすい名前を変えたほうがよいかもしれない。

カテゴリーマネジメントの教科書をみると8ステップで整理されているが、そこには弱点がある。チェックすべき事実が多すぎ、日本では揃わないものが多く計画するだけでバテてしまう。また、「実施・展開の保証」にあたる部分のノウハウが少ない。米国では標準化されたチェーンオペレーションが実現されているため、計画されたことはそのまま実現される確率が高いので、この「実施・展開の保証」のノウハウがあまり必要ではなかった。日本はご存知のように、平地の少ない地形や法整備などの関係で標準化されたチェーンオペレーションがあまり実現できていない。実施・展開の保証、小売業でいうと売場実現、個店格差是正のノウハウがたいへん重要なのだ。

先に述べた本社、エリア、得意先の3段階の営業戦略とも、この戦略の4ステップに基づいて編まれる。これから入っていく本題は、このなかの得意先営業戦略の話である。

③戦略は固有のストーリー

戦略のフレームには4C分析の他にもSWOT分析など様々なものがあるが、忘れてほしくないのは戦略はステップを踏んで展開していくものであり、考え方のフレームは参考として頭に留めておく程度でよい。

これまでたくさんの戦略立案場面に立ち会ってきたが、フレームにあてはめることにこだわると、よくできてはいるが固有の戦略ではなくテストへの模範解答になりやすい。普通名詞やカタカナが目立つ、カッコだけはよいが鋭さのない戦略になる。そういう戦略は展開や実績のともなわない作文で終わる可能性が高い。

実績が上がり革新が起こる戦略とは、対象市場の固有の事実に基づき「なぜ、なぜ、なぜ」「ということは、ということは、ということは」を繰り返した、具体的な固有名詞いっぱいの戦略である。

戦略はそれぞれの市場や得意先ならではの固有のものでなくてはならないゆえに、他人が作ったものであってはならない。その市場を引き継ぐ立場になったら前任者の立てた戦略を尊重して良いところを残すとともに、自分ならではの市場の理解に基づいて、戦略を組み直す必要がある。前任者の戦略をそのまま進めようとすると自分の「思い」になっていない分、どこか浮ついたものになり、前に進まなくなる。

一方、前任者の方針・戦略をすべて否定したかのような新戦略を進める人もいる。前任者の市場理解がまったく浅く適切な戦略でなかった場合はそれでもよいが、前任者の戦略がよく考えられたものであれば、良いところはきちんと受け入れて継続すべきだ。

④戦略は長期・革新・集中・統合・執念

戦略と戦術の違いも確認しておく(図9)。

戦略は固有のストーリーである。長期・革新・集中・統合・執念である。

長期で考える。年間でも考えるが、それは中期3ヵ年のシナリオがあってのものだ。革新でなくてはならない。常に市場は変化しているのだからこれまでのやり方だけでは済まなくなる。集中でなくてはならない。チャンスに集中して伸ばす。総花では伸ばせない。統合でなくてはならない。訪問回数を上げただけでは解決しない。説得力の高い調査結果、適切な商品、魅力的な販促が組み合わされて展開されなくては実績は上がっていかない。執念が要る。前向きの

図9　戦略と戦術の違い

戦略	目標達成のための固有のストーリー
長期	中長期で考える。最低１年、通常３～５年
革新	これまでとは違う新しいしくみ・方法を探る
集中	絞り込んだチャンス（重点課題）に集中する
統合	各機能・戦術を組み合わせる（連結する）
執念	あきらめない。強いマインドで推進する

戦術	目標達成につかう普遍のノウハウ
短期	短期で考える。その都度考える。
経験	これまでの経験を活かす
汎用	広く使う。使えるところで使う。
個別	各機能においての孤立したノウハウ。
技術	TPOに合わせて使う

※水口健次の理論にもとづく
出典：二俣事務所

姿勢がある限り、その戦略が間違っていてもそれはおのずと修正されていく。

これに対して戦術は、普遍のノウハウである。短期・汎用・個別・経験・技術である。短期の施策、瞬間の技術である。汎用である。他の戦略でも使える方法である。個別である。商品、販促、営業それぞれの機能の内にある個別のノウハウである。経験を誰でも使えるようにしたものである。技術である。熱きマインドでなくドライなテクニックである。

5. 「考える営業」が発揮すべき機能

(1) マーケティング活動の中核として

メーカーや卸において、「考える営業」が発揮すべき機能とは何か。

従来から営業部門は、企業が行うマーケティング活動の中心的なセクションと位置づけられてきた。

マーケティング活動の内容については昔からいろいろな整理の仕方があり、たとえば4Pが代表的である。これはご存じのようにProduct（商品）、Price（価格）、Promotion（プロモーション）、Place（流通）の頭文字から名づけられたもので、それぞれの検討や決定、施策実施において営業部門が深く関与している。

また、水口健次はリサーチ、商品、広告、販促、流通、営業、ロジスティクスの7F（function）で説明した。ここでも営業部門は、単に狭義の営業を担うだけでなく、その前後、リサーチからロジスティクスまでを貫く存在としてとらえられている。

前章で説明した「多次元接点サバイバル」とも呼ぶべき消費市場の状況において、会社が準

図10　「考える営業の」の６Ｆ

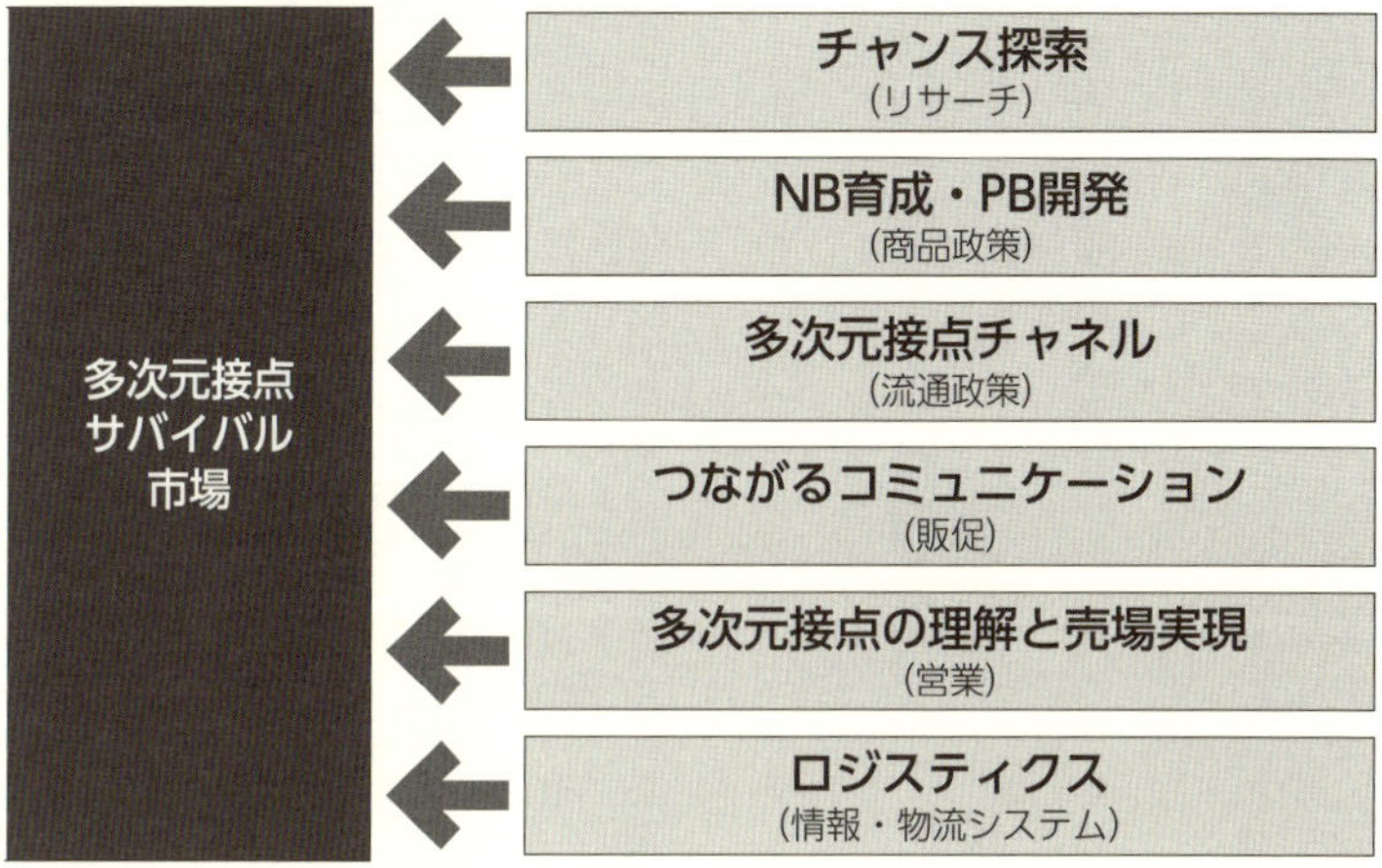

備した価値の実現を使命とするメーカーや卸の営業としてはますます、マーケティング活動の中核を担うことが期待されているといっていい。

（２）「考える営業」の６Ｆ

そこで４Ｐや７Ｆといった考え方を踏まえつつ、「考える営業」が発揮すべき機能をより具体的に６つに整理してみたい（図10）。

①チャンス探索（リサーチ）

お客さまとお客さま接点が大きく変化しているのだから、その事実を知る力が以前にも増して必要になる。たとえば、高齢のお客さまの願望や購買行動の調査であり、ＰＯＳデータなどの販売実績の分析であり、ネットを通じてのコミュニケーション方法の探索であり、変化するお客さまをめぐっての業種業態を超えた競争構造の新理解である。

②NB育成・PB開発（商品政策）

メーカーのナショナルブランド（NB）の認知・採用・リピートを上げる努力を続けなくてはならない。それとともに、以前とは比べものにならないほどプライベートブランド（PB）が必要不可欠になっている。これからは、お客さま接点の要請に応じて商品を創る能力も持つ必要がある。業務用営業では以前より必須能力だったが、それが家庭用の営業にも要請されている。

③多次元接点チャネル（流通政策）

お客さまの願望がモノからコトへと広がり、経済的背景から低価格商品の選択が増加するなか、お客さま接点も多様になってきている。家庭用営業はこれまで、自社の資産を総合スーパーやスーパーマーケットばかりに集中していればよかった。しかし、これからはEDLC・EDLPを基本コンセプトとしてスーパーマーケットからお客さまを奪っているディスカウントストア、ドラッグストアにも資産を投入していかなくてはならない。高齢のお客さまのコト願望をとくに引き受けるようになったコンビニエンスストアに対しては従来の家庭用営業ではなく、業務用営業のスタンスで臨まなくてはならない。スーパーマーケットがモノ願望接点からコト願望接点に徐々に移行していることを考えると、スーパーマーケットに対しても、家庭用と業務用の2接点という捉え方を強める必要もある。ネット企業、ネット販売を拡大しているリアルの小売接点とどう付き合っていくかももっと積極的に考えなくてはならない。

④つながるコミュニケーション（販促）

モノがあふれる時代となり、「欲しいもの」がなくなった、買い物は手早く済ませたい、というお客さまが増えている。そんなお客さまの購買の実績、行動、心理をもっとよくみて、お客さまの気持ちに確実につながるコミュニケーションを展開する必要がある。ネット端末の普及により、お客さまの視界から従来のリアルな広告物・販促物が消え始めている。ネットで刺激して、ネットとリアル店舗の購買にむすびつけるスキルも必要になってくる。

⑤多次元接点の理解と売場実現（営業）

バブル以降に入社した営業はスーパーマーケットの時代に育った。スーパーマーケットの理解と説得には長けているが、あとのお客さま接点のことはあまり知らない。EDLC・EDL

Pを鉄則としている業態にスーパーマーケットの営業方法は通用しない。コスト削減に取り組み従業員を減らしている店や、一方で、進展する競争環境下、個店の権限を増やしている店が増えているため、本部で決めたことが売場で実現しにくくなっている。そのため、これまでの本部商談での合意だけでは目標実績には届かず、店舗での売場実現率を上げることに力を注がなくてはならなくなっている。スーパーマーケットに直接対応してきたことで中間流通をよく知らない営業が増えている。もっというと担当エリアの消費者に到達するまでの全体の流通構造がわからなくなっている。

⑥ロジスティクス（情報・物流システム）」

以前より、お客さま接点企業から、コスト削減などの目的で調達・物流の効率化を求められてきた卸売業の営業やメーカーの業務用営業はすでに持っている能力だが、メーカーの家庭用営業は、これまではロジスティクス（情報・物流システム）のことをそれほど考える必要はなかった。一部の大手小売業の要請にだけ応えていればよかった。しかし、お客さま接点の力が増大し、商品開発や価格のリード力が高まっていくなか、家庭用営業もロジスティクスも含めて取り組む力が必要になってきている。

6.「考える営業」が目指すべき方向

(1)「価格営業」から「非価格営業」へ

繰り返しになるが、営業とは会社が準備した価値を実現する存在である。「価値を実現する」とは、会社がかけたすべてのコストにマージンをのせて回収することである。

そうである限り、メーカーや卸の営業は価格政策にのみ偏った「価格営業」ではなく、様々な提案やお役立ちに比重を置いた「非価格営業」を目指さなくてはならない。特に、ドラッグストアやディスカウントストアをはじめ、ＥＤＬＣ・ＥＤＬＰのお客さま接点が拡大しているなか、そのことはなおさら重要度を増している。

(2)「個人営業」から「組織営業」へ

一方、メーカーや卸の営業は現在、得意先からＰＢ開発、直接取引、社内ルールを超えた特別条件、優良固定客づくり、ネット販売提案、Ｏ２Ｏ販促のアイデアなどを求められている。

同時に社内からは、市場が縮小する中でのブランド実績向上、その手段としての特売獲得と定番売場棚割リード、あるいは売場実現度向上が求められている。担当営業個人だけでこれらの課題をクリアすることは極めて困難である。

一人のスーパー営業マンが一時的に高い実績をつくり出せたとしても、基本的には会社のすべての可能性を使って取り組んでいく営業になっていかないとその得意先で継続して大きな実績を挙げることはできない。したがって、「個人営業」から「組織営業」を目指さなくてはならない。言い換えれば、担当同士が個人対個人でつながる「バタフライ型営業」から、階層別・機能別に多段階でつながる「ダイヤモンド型営業」に変わる必要がある（126ページ参照）。

直属の上司にバイヤーの上司と仲良くなってもらう、支社長や営業本部長に得意先幹部を説得してもらう、支社や本社の営業スタッフにデータ分析・チャンス発見や新しい定番売場づくり・販促施策づくりの手伝いをしてもらう、そういう営業だ。

実際、多くの企業の営業現場を見てきた経験から言って、得意先に対して高いシェアを維持しているケースは共通して「個人営業」「バタフライ型営業」でなく「組織営業」「ダイヤモンド型営業」になっている。

「考える営業」が目指すべき基本ベクトルは、「価格営業」から「非価格営業」へ、「バタフライ型営業」から「ダイヤモンド型営業」へ、である（図11）。

図11 「考える営業」が目指すべき方向

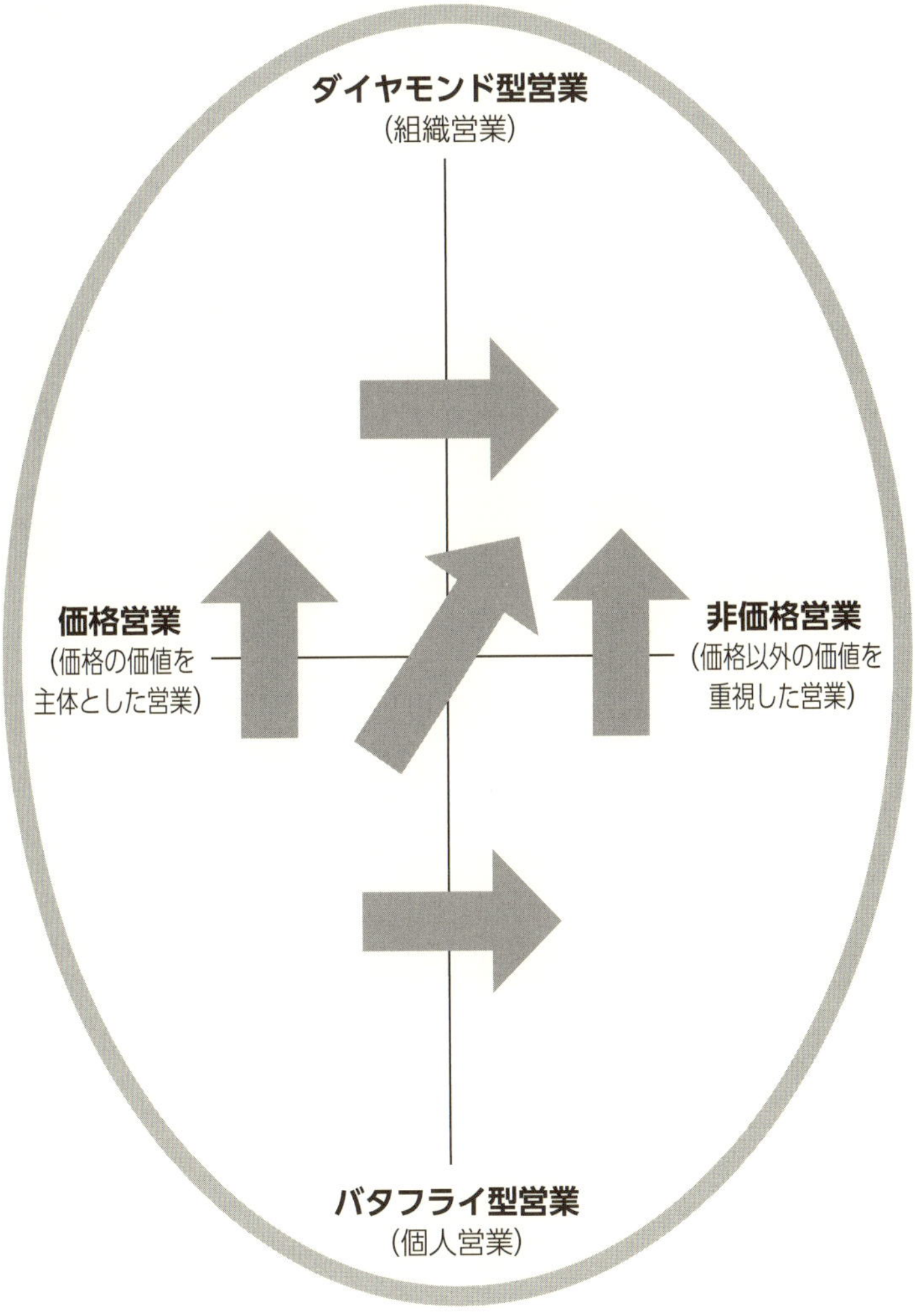

7.「考える営業」の導入法

(1) トップの宣言、ボトムのやる気

「考える営業」の導入にあたっては、社内の共通認識をつくる必要がある。価格ばかりに依存しない「考える営業」に生まれ変わろう、という強い思いを会社の中のキーマンたちで共有しなくてはならない。

まずトップの宣言が出ることが理想だ。ある会社は「ブランドをころすな」という強い言葉から始まり、ある会社は「価格営業から価値営業に転換する」という大方針の発表から始まった。これらのトップの宣言とともに、用意していた営業革新のプログラムが動き出す。

ただ、トップの号令があったのにミドル以下があまりついてこない場合もある。上にオーナー一族やオーナー会社がいる会社、物事の決まり方がボトムアップ型の会社によくみられる。そういった会社はトップの宣言もあっていいが、それ以上にボトム間での共通認識をつくることを重点におく。たとえば全国の優秀なリーダーを集めて、「我々は何をやらなくてはならないか」と腹を割った議論をして新しい考える営業戦略をつくっていくという作業を最初に入れ

る。トップの方針が浸透しやすいトップダウンの会社でも、より強い一体感や使命感をつくりだすためにときおりこのようなプロセスを入れてみることも大事と思われる。

(2) 作戦会議

そのあと、先ほど述べた「戦略の4ステップ」を進める。既存の営業会議の内容を変えるか、新たに作戦会議を立ち上げて進める。得意先営業戦略のギャップフィリングを進めていく。2か月に1度か四半期に1度のペースになる。得意先の期がはじまる前の12〜1月ぐらいに得意先営業戦略(win-win戦略とアクションプラン)を発表する会議を実施し、そのあとは定期的なギャップフィリングの会議になる。

まずモデル地区で実施するか、全国から選抜したメンバーから実施して全国に広げていくか、それとも全国の各地区で一斉に立ち上げるか。トップの宣言さえあればどのように進めてもよい。実際、いずれの進め方も存在した。おそらく稀な事例と思われるが、トップの宣言がなくてもモデル地区からはじめて全国に拡大した会社もある。その会社は意思決定がボトムアップ型だった。ちなみに、地区とはブロック圏を指している。会社によって違いはあるが8地区ぐらいに分かれるのではないだろうか。それに広域営業も加えると全国9地区ということになる。

対象企業の選定も会社によって違ってくるが、だいたい40社から50社ぐらいになる。そうすると、実際は首都圏や近畿が多くなるが1地区5社程度になる。作戦会議は担当営業、リーダー、地区長、スタッフが参加する。1社あたり1時間かける。実績と次の行動計画を担当営業とリーダーが報告し、参加者全員で質疑応答と助言を進める。

なお、作戦会議は最初から3年間は回す予定にしておいたほうがよい。3年かけないと全国にひろがらない。新しい営業が定着しない。

（3）支援体制

作戦会議を進めるだけでは済まない。本社および地区に支援体制を立ち上げて稼働させせなくてはならない。「考える営業」が進めば進むほどデータ分析、取り組み会議が増えてくる。営業担当者だけではとても手に負えない。さらに、ベストプラクティスの収集と全国での共有も進め、あちこちで生まれる成功体験を会社の力に変えていかなくてはならない。ベストプラクティス集を発行し、会社中に営業革新が起こっていることを知らせて行かなくてはならない。「考える営業コンクール」のようなモチベーションを上げる仕組みの導入も要るだろう。

販売データ分析、商圏分析、チラシ分析、お客さま調査の仕組み、店舗営業部隊と連携したリアルタイム売場実現検証システムなどの営業が使う武器の開発もいる。

選ばれた対象企業については、特別予算の準備もいる。支援部隊が付くことも特別予算体制といえるが、価格の課題解決営業の特別予算づけがあってもいい。

支援体制の使命は、経験と直観と科学のバランスのとれた「考える営業」を支援するため、経験を会社の力にするため、次のような役割を担う。

①重点得意先への営業の支援

・販売データ分析支援
・企画書・報告書作成支援
・商談参加

②重点得意先営業戦略への助言

・重点得意先営業戦略の立案促進
・同戦略の作戦会議（ギャップフィリング）の推進

③重点得意先への特別予算の適用

④エリア営業戦略への助言

⑤地区オリジナルの営業スキルアッププログラムの推進

⑥ベストプラクティスの収集と全国共有

・ベストプラクティスデータベースづくりとベストプラクティス社内メディアの発行
・考える営業コンクールの運営
・担当地区での他地区ベストプラクティスの紹介

⑦営業の武器の開発

・販売データ分析
・商圏分析
・チラシ分析
・お客さま調査
・店舗営業部隊と連携したリアルタイム売場実現検証システム　など

⑧「考える営業」に必要なスキルの教育プログラム推進

支援体制は、まずは本社に集中させる。しばらくは、ベストプラクティスの収集と全国共有、武器の開発、「考える営業」に必要なスキルの教育プログラム推進、が特に重要である。これらは本社でなくてはできないからだ。

本社の支援体制はそれとともに地区の支援という任務も担う。たとえば、リーダー１人とメンバー5人ぐらいの体制で、メンバーは1人で2地区を担当する。販売データ分析や企画書・報告書の作成、商談などの重点得意先への営業を直接支援するほか、得意先営業戦略の立案やその作戦会議の推進、エリア営業戦略への助言もする。その地区オリジナルの教育プログラムの推進も手伝う。

支援体制をつくるとその後、批難の対象にもなるだろう。「考える営業」に好意的でない人からはつねに余分なコストセンターに映る。トップが交代したり、利益が思うように確保できなくなると、まっ先にコスト削減の対象になりがちだ。

しかし、支援体制をどのように機能させるかにもよる。経験と直観と科学のバランスのとれた「考える営業」を支援する、経験を会社の力にする、という原則を忘れてはいけない。データ分析とロジックの披露ばかりに偏り、経験と直観の営業を見下すような態度をみせ始めると、目立つ成果が生まれなくなったとたんに解散の声が高まる。

「考える営業」が営業全体に浸透してきたら、支援機能は各地区に分散させてもいいだろう。ただし、本社にはベストプラクティスの収集と全国共有、営業の武器の開発、「考える営業」に必要なスキルの教育プログラム推進の役割は残す。本社でしかできないことであり、それが本社から失われると営業の進化が止まってしまうからだ。

それでもおそらく、支援体制は本社への集中と地方への分散を繰り返すだろう。ある会社は支援体制をローテーション制でつくった。全国各地区から営業を借り受け、支援機能を経験させ、スキルアップしたのちに地区に戻すという仕組みだ。営業として戻る場合もあるし、地区のスタッフのキーマンとして戻る場合もある。これも支援体制を存続させるひとつの方法だ。

（4）強い営業とリードできるリーダー

21世紀に入る頃から営業組織のヒエラルキーが崩れ始め、若い営業がベテランのリーダーを尊敬しなくなった。長年続いたブランド力の営業が行き詰まり、代わりに若い営業たちが最初から身につけることになった科学的なソリューション営業が台頭したからだ。

急速に営業のなかに浸透してきたITを使いこなす能力で、若い営業とリーダーの間に大きな格差が生じてしまい、PCを思うように使えず資料作成を部下に頼んでくるリーダーをお荷物のように感じるようになった。あっという間に経験と直観による部下のマネジメントができなくなってしまったのである。

しかし、年がたつにつれてITリテラシーの溝が埋まってきた。ブランド力営業の減価は世の中の常識となり、科学的なソリューション営業だけでもうまくいかないことが分かりはじめた。若い営業とベテランのリーダーの関係は好転するかのように見えた。

ところが、また新しい事態が生じた。弱い若い営業の広がりである。雇用と賃金が減少する中、これまではあまりいなかった高学歴で基礎能力の高い若者が営業として入ってくるようになった。彼らはプライドが高く、業務と非業務を明確に区別するといった特徴を備えている。それだけでなく、人間関係づくりが苦手だった。得意先の「まずはＮＯ」という態度に対応できなかった。ＮＯを前提とした説得、タフ・ネゴシエーションができなかった。鬱というよりも怠惰とみてとれる若い営業もたくさん生まれた。

もちろん、タフな若い営業もいる。営業で経験を積み、いずれは海外、財務、経営企画を望む野心的な若者もいる。ただ、そうでない弱い若者の割合が高くなった。これまでは放っておいても業務経験を通じてタフになったが、いまは弱い者への強い態度は逃げを生む。営業組織のヒエラルキーはふたたび崩れている。リーダーは弱い若者をタフにしなくてはならない。

我々も弱い営業への有効策は持たないが、次のように対応が要るのではないだろうか。

●得意先を深く理解させる

弱いのは怖いからである。怖いのは理解できないからだ。得意先の主要な店と競合店の売場を調べさせる。名刺50枚を目標に主要店の店長、売場主任、パートさんと会話して問題意識を聞く。本部のキーマンの課題ヒヤリングを進める。組織図深度バロメーター（116Ｐ参照）

で本部人脈づくりを進める。定番と販促の意思決定フロー図（118P参照）をつくる。

●自分で目標を立てて動いてもらう

プライドが高くて弱い人は、人の意見はあまり聞かない。聞いても高いモチベーションで動くことはない。しかし、自分で立てた目標に対しては動く。

●若い者同士で競争させる

上からの刺激は効かなくても、横の仲間からの刺激には反応する。若い営業が集まって、それぞれの得意先営業戦略をつくり、ギャップフィリングを進めていく。

古くはハーズバーグの「動機づけ理論」がある。尻を蹴とばすマネジメントやトレーニングや報酬はそれほどやる気を上げない。それよりも達成感を与えること、承認することのほうがやる気を上げるというものだ。

ある会社で優秀リーダー10名を選抜し、マネジメントについてロングインタビューをしたとき、ほぼ全員が実行しているとしたやり方がある。「得意先に対して担当営業を超えてリーダーが勝手に決めてはならない」ということだ。自分で考え決めさせることが、なによりも担当営業の育成につながる。

リーダーはリードできるリーダーにならなくてはならない。

第3章

「考える営業」の手法とその実践

1.「考える営業」で用いる営業手法

(1) 営業手法の流行り廃れ

これからのサプライヤー営業の基本戦略は、「考える営業」である。では、具体的にどのような営業手法で実践していけばいいのだろうか。

もうソリューション営業は終わった――。2010年代に入って、そんな論調が目立つ。ソリューション営業とは買い手の課題お役立ちを通じて業績を上げていく営業方法である。一時、ブームのような様相を見せたが、かけたコストにみあうだけの効果が得られない、課題はコストと価格に収れんされてきている、などが「終った」と言われる理由のようだ。

1990年代にはもうブランド力の営業は終わった、という話もよく聞いたものである。ブランド力の営業とは、いわゆる4Pの力（商品、流通政策、プロモーション、価格）や店舗フォローの営業力で配荷・露出を上げていく営業方法である。そのような売り手発想の営業では業績を上げることはできないから買い手発想の営業に変わろうとして、ソリューション営業が生まれてきた。

我々の経験からすると、安易に「終わった」というのは間違いである。営業手法に流行り廃れは関係ない。ブランド力の営業もソリューション営業も、いまでもちゃんと有効な方法として生きている。

(2) 4つの営業手法に整理

ただ、様々な営業手法を並列するだけでは意味がない。

本書では「考える営業」を展開していくにあたって有用なものを大きく4つに分類することにした。これらは、複数の有力消費財メーカーにおける営業の行動報告書、会議記録、同行商談記録などをもとに整理・分析したものである。すなわち、

- **人脈づくり**
- **組織的アプローチ**
- **非価格の課題解決**
- **価格の課題解決**

である（図12）。

これらの分類は消費財メーカーの営業だけでなく、他のメーカーや卸業の営業にもあてはま

図12　4つの営業手法

<table>
<tr><th>大分類</th><th>小　分　類</th></tr>
<tr><td rowspan="7">1．人脈づくり</td><td>①窓口担当者の理解</td></tr>
<tr><td>②窓口担当者の上司の理解</td></tr>
<tr><td>③窓口部門以外の理解</td></tr>
<tr><td>④組織と意思決定フローの理解</td></tr>
<tr><td>⑤有力調達先の理解</td></tr>
<tr><td>⑥有力販売先の理解</td></tr>
<tr><td>⑦影響者の理解</td></tr>
<tr><td rowspan="7">2．組織的アプローチ</td><td>①商品力・技術力</td></tr>
<tr><td>②広告・販促力</td></tr>
<tr><td>③オリジナル販促力</td></tr>
<tr><td>④お客さま接点実現力</td></tr>
<tr><td>⑤地区レベルの組織営業力</td></tr>
<tr><td>⑥全社レベルの組織営業力</td></tr>
<tr><td>⑦グループレベルの組織営業力</td></tr>
<tr><td rowspan="8">3．非価格の課題解決</td><td>①課題合意</td></tr>
<tr><td>②需要創造</td></tr>
<tr><td>③ロス撲滅</td></tr>
<tr><td>④従業員スキルアップ</td></tr>
<tr><td>⑤CSR</td></tr>
<tr><td>⑥店づくり</td></tr>
<tr><td>⑦商品づくり</td></tr>
<tr><td>⑧多次元接点サバイバル（異業態間競争で生き残るための提案）</td></tr>
<tr><td rowspan="6">4．価格の課題解決</td><td>①自社の価格施策の運用工夫</td></tr>
<tr><td>②得意先の重点販促策エントリー</td></tr>
<tr><td>③リベート、アローワンス、特別条件</td></tr>
<tr><td>④適正価格提案</td></tr>
<tr><td>⑤物流改善からの価格改善</td></tr>
<tr><td>⑥低コストオリジナル商品開発</td></tr>
</table>

出典：二保事務所

る。また、小売業・飲食業にとっても参考になると思う。

第1に、人脈づくりである。得意先関与者構造理解と呼んでもいい。伝統的な営業手法だが、現在でも非常に重要な役割を果たす。人間理解の営業ゆえに、「経験」と「直観」がものをいう。

第2に、組織的アプローチである。ブランド力やチーム力という会社が持っている力を可能な限り活用して業績向上にむすびつけていく営業手法だ。

ブランド力の営業は、モノが普及する時代から継続されている伝統的な売り手発想の営業手法であり、ゆえに「経験」が主役の営業だ。

組織的アプローチはまた、得意先に対して担当営業ひとりで交渉するのではなく、自社の各階層や他部署と一緒になって対応していく比較的新しい営業手法である。たくさんの人との信頼関係をつくっていく営業でもあるため、「経験」を蓄積したリーダーが中心になる。

メーカーのブランド力と店舗フォロー営業力、卸売業の品揃え力は小売業から期待され続けているし、メーカーの技術・生産力は小売業、飲食業に対して常に変わらぬビジネスのバックボーンを提供している。

第3に、非価格による課題解決である。売り手発想のブランド力営業だけではうまくいかなくなった1990年代半ばぐらいから拡大した、買い手の課題お役立ちを通じて業績を上げるという営業手法だ。ソリューション営業、コ・ワーキングなどと呼ばれている。これはデータと論理が重要になる「科学」的な営業である。ただし、この営業手法は「経験」「直観」による第1の「人脈づくり」が進んでいないとうまく成立しない。

たしかに、課題が「コストと価格」に偏ってきているために、非価格の施策の機会は減ってきている。しかし、「コストと価格」の時代ゆえに、「非価格」の課題解決の重要性が増しているともいえる。ソリューション営業はかけたコスト分だけの効果がないという指摘も、カテゴリーマネジメントやデータの収集・分析などに膨大なコストをかけることをソリューション営業と規定するならそう言えなくもないが、ソリューション営業はそんな狭い定義の営業ではない。得意先の課題、お客さま接点の課題を理解し、そのお役立ちとなる提案を進めることが基本である。言い換えるなら、「会社のかけたコストの全負担者であるお客さまへのお役立ち競争」（水口健次）とも言えるマーケティングの王道をゆく営業である。「コスト」で語るものではなく「マインド」として堅持し続けなくてはならない営業といえる。

第4に、価格の課題解決である。これは現在も、ブランド力による営業とセットで生き続けている。4Pマーケティングのひとつの柱でもある。お客さまにブランドを選択してもらうには、大きな配荷・露出が前提となる。それには多大な広告・販促とともにこの価格政策がたいへん重要になる。また、大きなお客さま接点企業が優先して話を聞くのは、当然ながらたくさん売れている商品を持つ納入先である。そのため、ある程度の販売量まで価格の力によってもっていく必要もある。価格の営業は利益を減らしブランド信頼を損なうリスクもあるが、ブランドの大きな認知と販売量の実現を図りたい企業にとっては必要な営業といえる。

例えば2012年、カルビーが生産物流段階で大きなコストダウンを実現し、それを原資として価格の課題解決営業を展開し、大きな配荷・露出を達成した。同時に、「フレンドリー」価値に焦点をしぼったコミュニケーション戦略によってブランド信頼の向上にも成功し、実績を大きく伸ばしている。これは、価格営業でも明確なブランド戦略とあわせて展開すれば利益とブランド信頼を減らさないこと、配荷・露出の確保がブランドにとっていかに重要であるかということを示唆している。

2. 4つの営業手法の実践法

次に、それぞれの営業手法をどのように実践するかをみていこう。

(1) 人脈づくり

「人脈づくり」はもっとも基本的な営業手法であり、まず窓口担当者との接触から始まり、他にもいろいろな関係者が登場する。そして、「人脈づくり」を深めていくには、次に述べる4つの理解が欠かせない。

①窓口担当者の理解

「人脈づくり」で最も基本的で大事なのが「窓口担当者の理解」である。

ある重点得意先の実績が低いとしよう。「なぜ、なぜ、なぜ」と議論する。商品別にみる。登録商品数や販促施策決定数をみる。売場実現率をみる。得意先キーマンの課題や意思決定の仕組みを確認する。すると、たくさんの理由が見えてくるだろう。その中で意外に多いのが窓口担当者に十分接触できていないということだ。中には月1回しか接触できていないケースもあったりする。これでは窓口担当者の理解がまったく足りない。実績が低いのも当然だろう。

もちろん、商談日がない、バイヤーが忙しい、自社の優先順位が低いなど月1回しか接触できない事情があるはずだ。しかし、月1回では施策決定数が最低限に限られ、ダメ出しされた施策のリカバリーができず、なによりも得意先の理解が深まらない。これでは実績は上がりようもない。

接触量を上げる方法はいろいろある。

●月4回接触

ある企業では、月4回の接触量を実績向上のための目安としている。週1接触だ。つまり接触量目標をきちんと設定して行動するということだ。

●商談目標回数

もっと言うと、売上増の最大キーアクションは接触量と捉え、組織としてその目標管理を進める。たとえば、縦に自社のシェア、横に得意先の売上高（ポテンシャル）をとり、高低で4分割や6分割して、それぞれのブロックごとに接触量を決める。たとえば、高ポテンシャル・低シェア得意先には月4回、低ポテンシャル・高シェア得意先には月1回以下、という具合だ。

ある企業は、このなかで接触量0目標の得意先も決めていた。行くべき得意先よりも行きやすい得意先に行く営業も多い。だから客観的な指標も要る。

●クイックレスポンス

そのための最大の手段は、クイックレスポンスだ。何か尋ねられたらすぐに回答する。挨拶やお礼のメール・手紙にもこまめに必ず簡潔に返信する。まだ電子メールがない時代、初めて会った人にはその帰路にお礼のはがきを必ず投函するという営業もいた。

●その他

1回会ったら必ず宿題をもらい、可能な限りはやく回答する。回答した際にまた宿題をもらう。「今度、これを調べておきます」と。

自社の上司が得意先の上司や他部署のキーマンと会う前と後、窓口担当者への事前打診とスピーディな事後フォローを怠らない。

月例での実績レビューや販売データ分析報告の場を作ってしまうのもいい。毎月必ず数値と行動の振り返りをして次への課題を確認し合うということだ。

新規出店や改装にへばりつく。そこには必ずバイヤーがいるからだ。

●Z話法

窓口担当者との接触量を上げるとともに、信頼を得なければならない。そのためにはクイックレスポンスに徹するとともに、1回1回の接触の内容を濃くしていく必要がある。

図13　Z話法

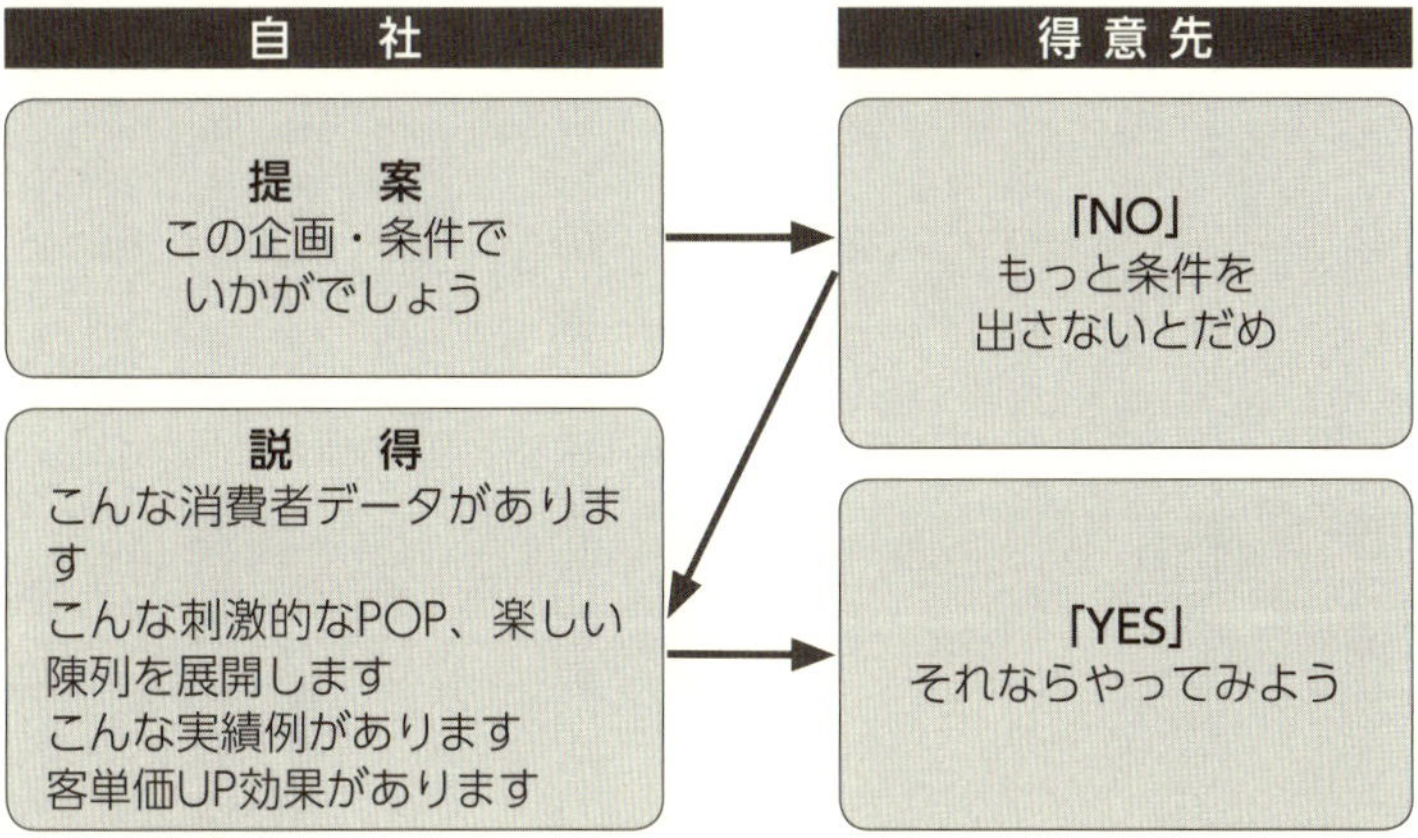
自　社
得意先
提　案
この企画・条件でいかがでしょう
「NO」
もっと条件を出さないとだめ
説　得
こんな消費者データがあります
こんな刺激的なPOP、楽しい陳列を展開します
こんな実績例があります
客単価UP効果があります
「YES」
それならやってみよう

出典：二俣事務所

得意先への提案はすんなりとは通らない。提案はまず否定される。基本的にそう認識しておくべきだ。そう思って商談に臨めば、1回1回の接触は濃い内容になっていくはずだ。商談の目的が、提案ではなく説得に変わるからだ。否定されることを前提におくと、その否定を超えるための説得材料を最初から準備して臨むことになる。

これをZ話法という（図13）。販売データを分析したり売場を調査しておいたりして、その提案の妥当性を補強しておくことになる。バイヤーがいつも気にしている点について「この提案はその課題解決につながります」というロジックを準備しておくのだ。

ある有力スーパーの商品部長は製造業の営業について「看板を背負っている、背負ってない」という評価をしていた。単に施策の提案に来た営業、表敬訪問に来た営業マネージャーに対しては「看板を背負っている」と否定的に捉えていた。取引相手の思いとは関係なく、大きな会社の大きなブランドを背景に自分の都合だけ言ってくる、という意味だ。たしかに大きなブランドの会社の営業ほど、何の説得材料もなしに提案に行く。

窓口担当者の信頼を得るためには、Z話法の商談を重ねていかなくてはならないだろう。

②窓口担当者の上司および窓口部門以外の理解

「窓口担当者の上司の理解」「窓口部門以外の理解」についてまとめて話をしよう。

水口健次は「名刺50枚」とよく言っていた。得意先の意思決定にかかわる人と会うと、規模にもよるが名刺は50枚ぐらいになるはずということだ。組織図をみてあてはめてみればわかる。調達部門の担当者、その上司、その上司の部長、本社の他の部門の責任者や重要メンバー、有力店舗の店長や主任などなど数えてみてほしい。高い販売実績を出している営業マンは共通して得意先の名刺枚数が多い。70~80枚、なかには100枚以上という人もいた。

とにかく、「名刺50枚」が基本目標となる。名刺50枚を集めるためには、つぎのようなアクションが要る。

●接触目標の設定

接触量を上げる方法でも触れたが、チーム営業としての接触対象と接触量の目標をつくる。担当営業は誰に、そのマネージャーは誰に、月に最低何回は接触するという目標を課す。自身および店舗フォロー部隊の店舗訪問件数が加わってもよい。

●クイックレスポンス

これも前に触れた。成功例がほしい、他店ではどんなことをやっているのか、他の店での売れ筋を知りたい、といった窓口担当者や面会したキーマンの口から出た要請、疑問の一言に徹底して即答する。資料をすばやく作って持参する。

●関与者への施策説明

提案にかかわる関係者に必ず会ってその施策を説明していく。バイヤーだけでなく、その上司、販促部門、店舗運営部門、主要店の店長や主任にたいしても説明に歩く。部門会議や店長会議での説明を申し込んでいく。

●組織図作成

得意先の組織図をつくりキーマンを特定して関係づくりしていく。得意先の組織図を入手し、無ければ作成する。そこに各部署の責任者や主要メンバーの名前も書き入れる。それをもって人脈づくりを進める。

●実績レビュー

月例実績レビューの場をつくる。数値と行動の実績を報告し、次への課題を確認し合う場だ。窓口担当者とその上司に対して定期的に実施していく。

●オープン時の手伝い

新店オープンや改装オープンに必ず手伝いに出かける。多くの場合、そこには窓口担当者をはじめ、本部調達部門の各メンバー、他部門の部門長が手伝いにきている。トップもいる。店長、売場主任、パートさんがいる。

●情報提供

得意先が関心がある情報を定期的に提供する。たとえば月例市場レポート。カテゴリー全体の市場ＰＯＳデータ推移や、こういう売り方をしたらこういう実績が出たというベストプラクティスの月例報告である。

●見学招待

工場見学に来てもらい、店舗視察に行く。工場見学には窓口担当者、その上司、店舗の店長や売場主任、パートさんを招待する。１年に１回は実施する。人が替わるたびに実施する。店舗視察は、窓口担当者、その上司、店長などと一緒に出掛ける。気にしている店を見に行く。

●階層・部門を超える企画

人脈拡大も意図して、関連会社を含めたグループフェアのような大規模な販促施策を企画し、その企画提案、展開、報告を通じて調達部門長、販促部長、トップなどこれまで会えていない人と話して行く。クロス・マーチャンダイジングやCSR（環境社会貢献）といった普段は行わない特別な企画をタイミングを見計らって提案するのもよいだろう。

●課題ヒヤリング

定期的に、方針や課題と思っていることを聞くということだ。普段そういう話を聞けていない窓口担当者の上司、調達部門長、販促部長、トップにきちんとヒヤリングを申し込んで聞いていく。

●トップ営業

自社の本社キーマン、たとえば営業本部長や商品開発の責任者に来てもらい、普段話のできていない調達部門長やトップに会っていく。

どんな人に会ってもその都度、次の3点について聞く。

「どのようなお仕事をされているのですか？」（業務内容）

「いまの課題は何ですか？　どのような方針をお持ちですか？」（問題認識と方針）

「当業界や当社にできることがあるとすればどんなことでしょうか？」（期待）

こうやって人脈拡大をする過程でビジネスチャンスが膨らんでくる。これまでにない施策が生まれてくる。得意先にいくと向こうから声がかかるようになる。

③組織と意思決定フローの理解

とくに得意先の組織図の作成にこだわってみたほうがよい。企業によっては、得意先プロファイルというものをもっている。そこには、得意先の販売実績、方針・課題、品揃え・売り方の特徴などとともに、必ず組織図とキーマンの名が描かれている。そのシートは、代々の担当営業に受け継がれ更新され続けている。

ある営業担当者は、組織図深度バロメーターというものを作っていた。組織図を作り、キーマンを書き込み、前記したような役割、問題認識がわかるごとにその部署を赤色に染めて行った。定期的な作戦会議での報告の度に次第に赤く染まっていく組織図深度バロメーターが報告され、併せてたくさんの施策が合意され展開されていく様子が語られた。彼が人脈拡大の手段としたのはクロス・マーチャンダイジングだった。その年の終わりごろ、彼は得意先の全部門から知られる存在になり、新店のある部門のすべての売場づくりをまかされるまでになっていた。

得意先の意思決定フロー図を作ることもお勧めする。定番売場づくりと販売促進の2種類ある。売場で展開される時点から逆算して、どのくらい前に、どこで、どの数字を基準として、どこまで決めていくか、その流れを示した図である（図14）。

ある商品を得意先の品揃えに加えてもらいたいので提案するが、断られる。よくある話だが、そういう営業担当者の多くが、得意先が具体的にどのようにして品揃えを決めているか知らない。

実際に意思決定フロー図を作るには、得意先の調達部門や販促部門を歩いて、いつ、どんな計画を立て、どういう書面で発信しているか。店舗を歩いて、いつ、どんな指示書がきて、それをどう見ているかを聞いていく。

我々も、チェーンストア数社の本部や店舗を取材して販売促進の意思決定フロー図を作ったことがある。ローカルチェーンは本部の取材でだいたい全容がつかめたが広域チェーンは本部の複数部門と店舗の取材を重ねたことで全体像がみえてきた。言い換えると、その広域チェーン自体、販売促進の意思決定フローの全体像を誰も知らなかったということだ。店舗の現場は誰もきちんとみていない、言い換えればとても見切れない、本部のたくさんの部門から発信された指示書が山積みされていた。売場実現率が低くなって当然である。

その広域チェーンのメーカーや卸売業の営業担当者に提示される前の販促マスタープランをみると、そこにはすでにメーカー名のはいった施策がいくつか計画されていた。通常商談の前

図14　販促の意思決定フローの例

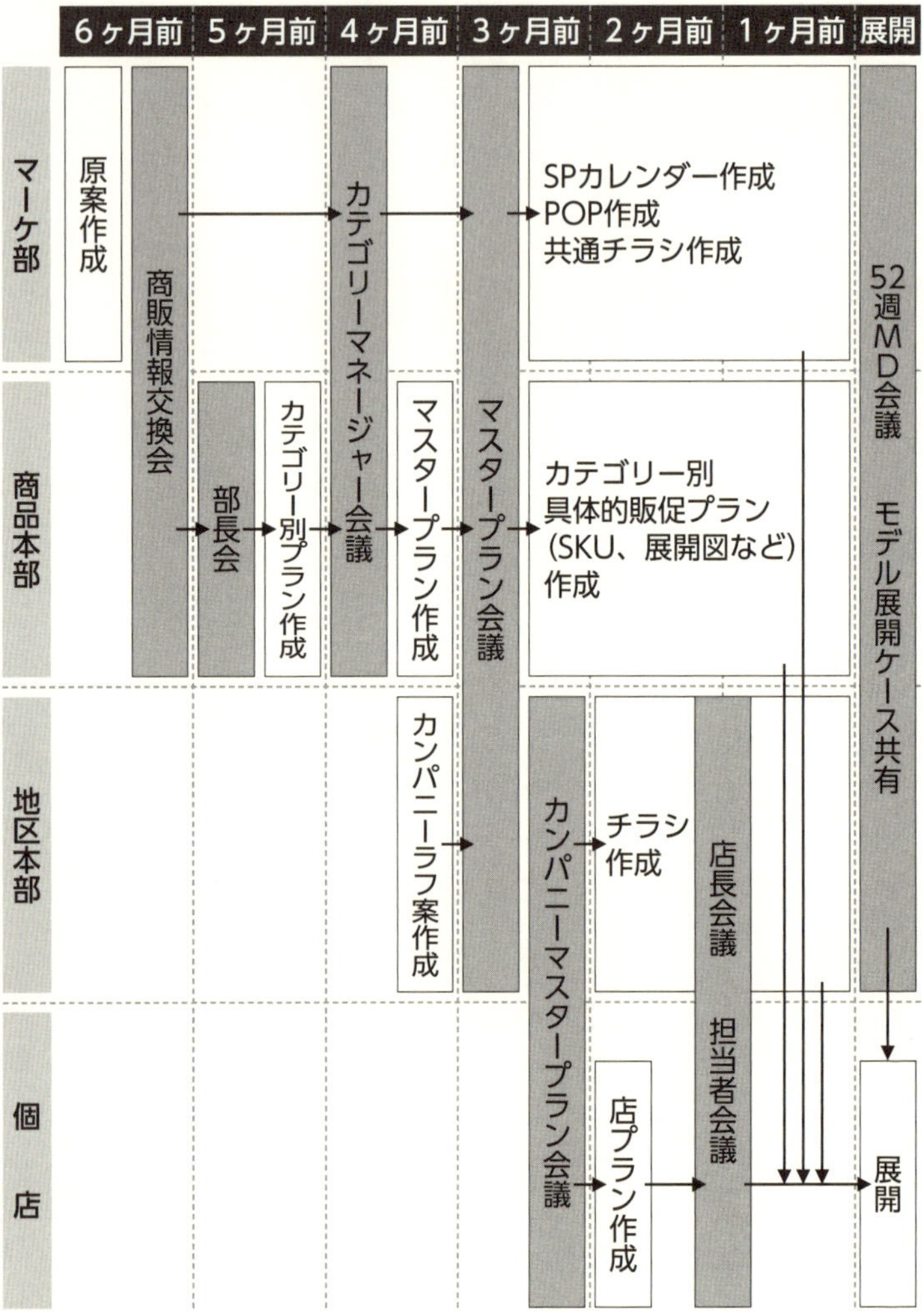
6ヶ月前
5ヶ月前
4ヶ月前
3ヶ月前
2ヶ月前
1ヶ月前
展開
マーケ部
商品本部
地区本部
個店
原案作成
商販情報交換会
部長会
カテゴリー別プラン作成
カテゴリーマネージャー会議
マスタープラン作成
カンパニーラフ案作成
マスタープラン会議
SPカレンダー作成
POP作成
共通チラシ作成
カテゴリー別
具体的販促プラン
(SKU、展開図など)
作成
カンパニーマスタープラン会議
チラシ作成
店プラン作成
店長会議
担当者会議
52週MD会議
モデル展開ケース共有
展開

出典：二俣事務所

に商談されて合意された施策がすでにあるということだ。さらに販促の意思決定フローの流れを追っていくと、地区におちた段階で施策が取捨選択される場面が出てくる。これらのことは、通常商談以外におさえておかなくてはならない商談場面がたくさんあることを示している。それを知らずに窓口バイヤーとの通常商談だけしている営業担当者がたくさんいるのだ。

④有力調達先や有力販売先、影響者の理解

得意先の外の人脈づくりも要る。それが、有力調達先や有力販売先、影響者の理解だ。得意先に大きな影響を与えている有力調達先がいる。それは、取引額の大きな調達先であったり、地元の有力生産者だったり、得意先オリジナルの商品を供給している調達先だったりする。卸売業を介さず得意先と直接取引している製造業もひとつ格上のパートナー的存在になっている。得意先の情報もまずはそれらの有力調達先に伝わっている。有力調達先を把握し情報交換する関係になっておくことが重要である。

得意先が小売業や飲食業であれば、その販売先であるお客さまを知ることが大事だ。お客さまがその得意先や商品に何を望んでいるかを知ることで、得意先に対しての商談を有利にすすめられる。得意先が卸売業であれば、その有力販売先を知ることが大事だ。とくに業務用の場合はユーザーと呼んだりするが、お客さま接点企業の組織・キーマン、方針・問題意識、品揃

えや売り方を知っておくことが必須といえる。同行営業を進めることでお客さま接点の情報は把握できる。お客さま接点の課題やニーズを把握することで得意先との商談も有利に進められる。「会社がかけた全コストを負担しているお客さま」とそのお客さまに接しているお客さま接点企業を知ることがとくに重要なのだ。

もっといえば、担当商圏の帳合構造図をつくるべきだろう。お客さま接点企業を固有名詞で整理し、それぞれにつながる卸売業も固有名詞で並べ、さらにそれらに固有名詞のメーカーや生産者をつないでゆく。ある企業の業務用営業マネージャーは担当地区の中部の業務用市場帳合構造図を見事につくりあげ、対卸売業営業部隊に加えその先のユーザー（お客さま接点）に行く営業部隊も新設して動かし大きな業績をあげていた。ただ、問題なのはその企業で彼だけがそれをしていることだ。業務用営業はとくに「経験」と「直観」の比重が高い。「科学」が薄いゆえに標準化されにくい。

（2）組織的アプローチ

2つ目の営業手法は、組織的アプローチである。さまざまな「会社の力」を効果的に組み合わせ、営業に活用するものだ。

営業に活用できる「会社の力」は大きく3つに分けられる。第1に商品やサービスそのものの「ブランド力」、第2に取引先とさまざまなレベルで接触する「組織営業力」、そして小売業の売場における「お客様接点実現力」である。

順番に説明していこう。

①ブランド力

商品やサービスのブランド力は、商品力、技術力、広告・販促力、オリジナル販促力などが合わさって生まれる。

商品力の測定のしかたとしてAMTULという考え方がある。

Aは Awarenessの略で認知のこと。商品を見て知っているかどうかという程度の軽い認知であり助成想起ともいう。

MはMemoryの略で記憶のこと。商品を見せず○○と言えば何かと聞くだけで思い浮かべる強い認知であり純粋想起ともいう。

TはTryの略で経験のこと。ここ数か月の間に買ったことがあるというレベルだ。

UはUsageの略で採用のこと。いまも継続してときどき買っているというレベルだ。

LはLoyalの略で愛用のこと。いつもこの商品を買っているというレベルだ。

図15　AMTULの例

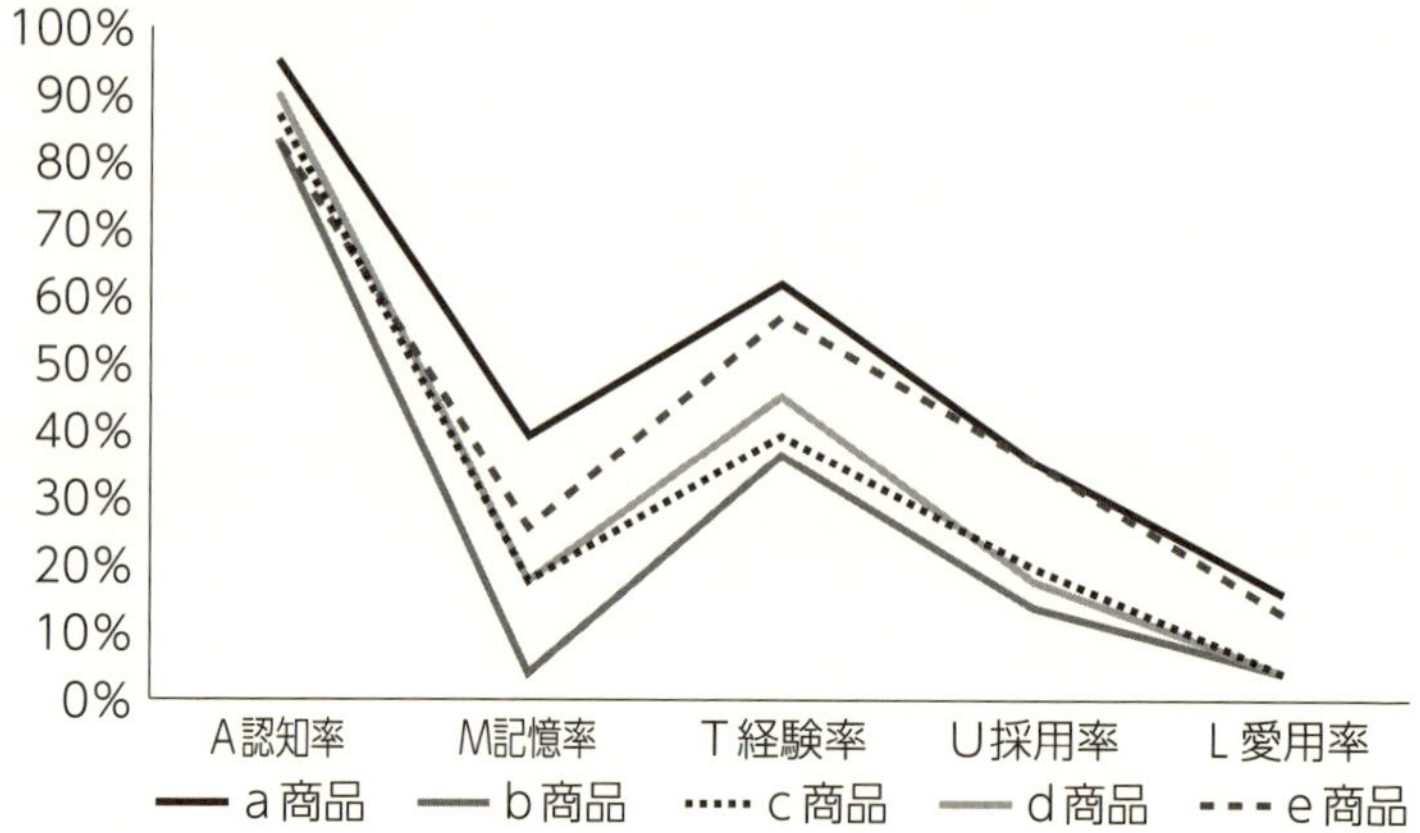

出典：二保事務所

お客さまに聞いてＡＭＴＵＬそれぞれの比率がどれくらいあるかを測ることで商品力の強さとともに、どこに課題があるか、何をしなくてはならないかがみえてくる。

実際にａｂｃｄｅの5つの商品について、お客さまに聞いてＡ認知・Ｍ記憶・Ｔ経験・Ｕ採用・Ｌ愛用の率を測定したものがある。それを使って説明しよう（図15）。

ｃ商品は、Ｔ経験―Ｕ採用―Ｌ愛用の率の落差が他商品より少ない。したがって基本的によい商品、つまり機能的価値（品質）が高いと判断できる。このような調査に頼らなくても、商品開発時の調査で購入意向やリピート意向が強く出ているのであれば、また過去によく売れていた商品で広告が減ったり露出が減らされたりして実績が落ちてしまった商品は、同じことがいえる。そういうよい商品であれば、ふたたび経験してもらったり、大きく露出することで異常値を出すかもしれない。この場合、まず商品力・技術力を商談で得意先に強く伝える。その場で試用してもらう。商品の良さを伝えるリサーチデータをきちんと示す。得意先の従業員にサンプルとして配布して試用、評価してもらいそのリサーチ結果を伝えてもよい。本社の商品開発者を呼んできてその価値について語ってもらうのもひとつの方法だ。

さらに、T経験を上げるアクションを提案する。試用販売（試食・試飲販売）、サンプリングや商品ベタ付け販売である。T経験―U採用―L愛用の歩留りが良いのだから、T経験率を上げれば比例してU採用率とL愛用率が上がり、高い販売実績を得られる可能性が高い。

商品の価格以外の価値メッセージPOPを倍増させたり、本社が準備した広告に連動した売場づくりを提案したり、本社が準備した販促施策を導入してもらったり、得意先の広告物へ掲載したりすることで配荷・露出を増やし、M記憶率を上げることも重要になる。記憶率が上がればおのずと経験率も上がる。とくに、得意先オリジナルの販促施策を企画して展開すれば、その商品の配荷・露出は飛躍的に上がり、大きな実績に結びつく可能性が高い。

よい商品であれば、以上のようなブランド力の営業、つまり商品力の高さをきちんと示す商談、経験率を上げる試用販売などの販促施策の導入、配荷・露出を上げて記憶率・経験率を上昇させる広告連動の売場づくり、広告掲載、非価格の価値メッセージ展開、オリジナル販促提案、などを進めることが基本である。

このブランド力による営業は伝統的な営業であるが、やや誤解されおろそかにされている。商品が売れないことを、営業が決める領域ではない広告と価格だけで説明するようになっている。そうではない。問題はお客さまの目に触れているか、体験してもらっているかである。

ある鶏肉メーカーは、デフレ時代に通常の2〜3倍の価格の銘柄鶏を売っている。営業全員が生産ラインでの経験を持ち、自社の鶏肉は日本一安全でおいしい鶏と信じている。ときおり、営業全員で重点店舗の店頭に立ち試食販売をする。焼いて塩をすこしだけつけて食べてもらう。3回4回と続ける。すると2〜3倍の価格の銘柄鶏にお客さまがつく。実績は確実に上昇する。

仕事が手分けされ連結力が薄れているのだ。自分たちの商品を深く理解し、お客さまに見てもらい、体験してもらうことにもっともっとこだわるべきだ。とくにメーカーの営業担当者は、営業である以前にメーカーであることを忘れないでほしい。商品の価値をお客さまとお客さま接点にたいして情熱をもって語らないメーカー営業が増えているように思う。

②組織営業

店舗営業部隊と連携していくだけでなく、「⑤地区レベルの組織営業力」「⑥全社レベルの組織営業力」「⑦グループレベルの組織営業力」を進める（104P図12参照）。

以前は、本部の担当営業と得意先の担当バイヤーで商談は済んでいた。マネージャーは重要な商談やアクシデントがあったときの同行、トップ・地区長は挨拶としての訪問だった。担当同士の一接点でつながりそれ以外は後ろに控えてほとんど登場してこなかったので、蝶を意味する「バタフライ型営業」と呼ばれた。いまは商談のテーマが担当営業だけで解決できるものではなくなってきたので、各階層の複数の接点でつながる「ダイヤモンド型営業」とも呼ばれるものになってきている（図16）。

基本は、地区レベルのダイヤモンド型営業力だ。トップ・地区長、マネージャー、担当営業、営業スタッフの組み合わせだ。役割分担して臨む。トップ・地区長は得意先のトップや部門長の考えを把握し、トップ・地区長だから準備できる可能性を動員する。たとえば、本社キーマンの動員、地区のメディアや有力企業との連携などだ。マネージャーは得意先の部門長の考えを把握し、経験の蓄積者だからできるリードをする。たとえば、得意先人脈づくりを率先し、担当バイヤーの上司や他部門のキーマン、有力調達先に会い、ビジネスチャンスを広げていく。担当営業は、前出のような担当バイヤーの理解と商談を進める。個店担当は、店舗の説得や売場づくりを進める。営業スタッフは、担当営業の担当バイヤー理解や施策提案を助ける資料を準備していく。

図16　「バタフライ型営業」と「ダイヤモンド型営業」

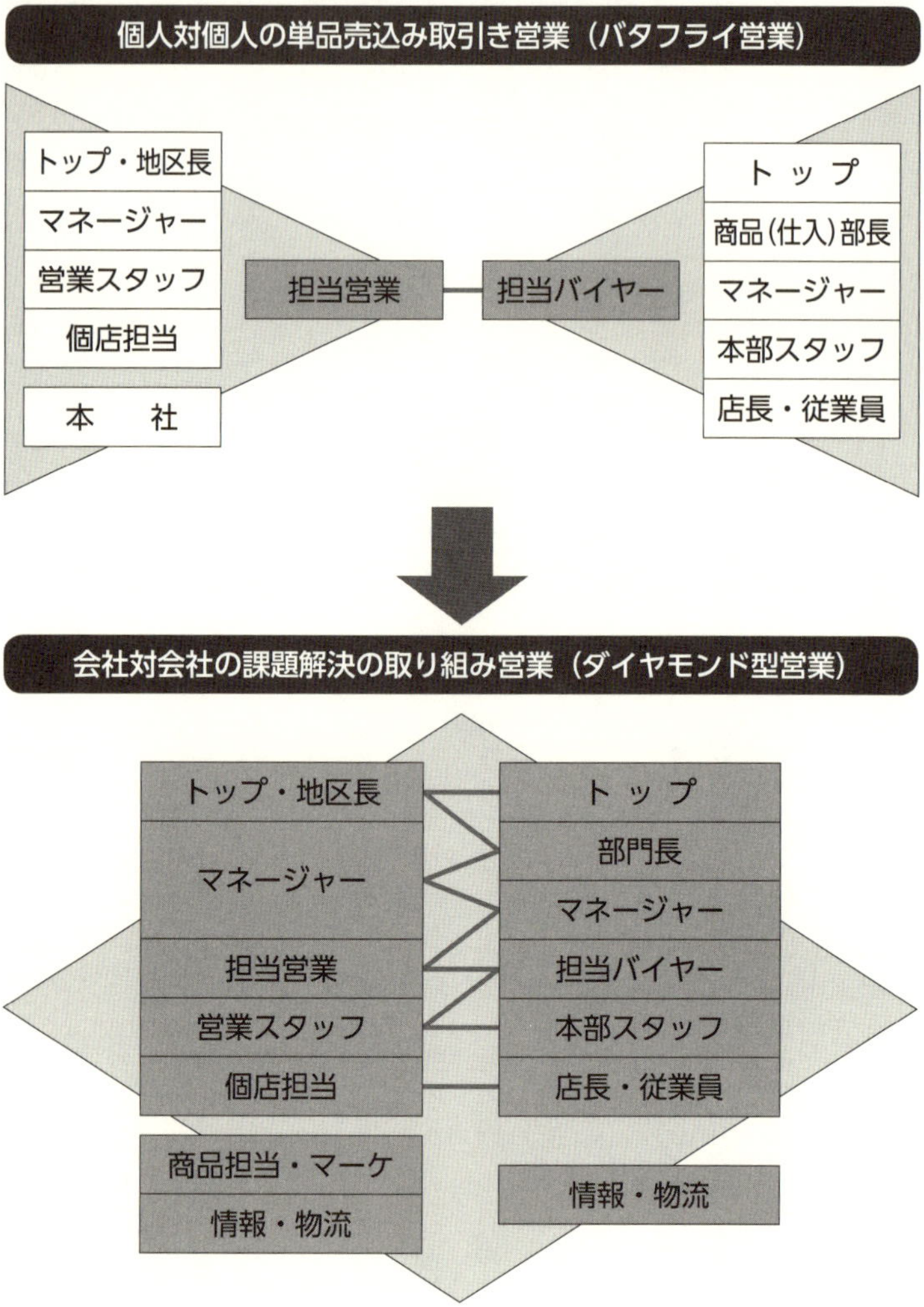

出典：二保事務所

ここで、なぜ「ダイヤモンド型営業」なのか整理しておく。

第1に、得意先の担当バイヤーの使命は、基本的には安く仕入れて、利益の残る売り方を計画することである。バイヤーとの商談は、得意先のどの階層どの部門よりも価格の話になりやすい。そこで、非価格のチャンスを探そうとしたら上の階層、他の部門の課題を取り込むしかない。組織図という人のヒエラルキー（樹状図）があるが、それと同じだけ課題のヒエラルキーがある。

第2に、環境の変化からお客さま接点企業の課題が担当営業だけで対応できるものではなくなっている。たとえばデフレ社会の進行、アジア産の低価格商品があふれる中、会社が決めているよりも低い納価、利益が確保できるオリジナルの商品開発が要請され、コスト削減のため店舗の人員が減らされ積極的な店舗フォローが求められるようになった。本部の担当営業ひとりでは決められないことばかりだ。また、高齢社会やＩＴ社会への対応はこれまで誰も経験したことのない事態であり、売り手側が協力し合って取り組んでいくしかない。

第3に、根本的な話だが、担当営業と担当バイヤーという個人対個人の関係だけだとできる担当営業、聡明なバイヤーという関係のうちは業績はよいのだが、いずれかが人事異動でいなくなれば業績は急落する可能性が高い。しかし、ダイヤモンド型営業で会社対会社の関係ができていれば、担当が替わっても数字が大幅に落ちるということはない。

現在、ダイヤモンド型営業は地区レベルでは済まなくなり、会社全体の力が必要になっている。たとえば、オリジナル商品の開発になれば本社の商品開発担当がフォーメーションに入ってこないと進まないし、広域化している勝ち組の得意先で大きな実績をあげようと思ったら本社の営業本部長やトップに登場してもらい、得意先のトップとの間で取り組みの合意をしてもらう必要がある。研究開発部門や工場への招待も、得意先と理解し合う関係をつくっていくためには重要なアクションになる。

大きな得意先と特別な関係をつくろうとしたら、会社単位を超えてグループでの関係づくりも必要となる。小売業もより大きなメーカーパワーをグループ商談によって取り込みたいと思っている。最近は、グループ契約という言葉も聞くようになった。

ダイヤモンド型営業の原型は1980年代から存在した。ハウス食品の「E型編隊営業」が典型である。まさに前記した地区レベルのダイヤモンド型営業のことである。階層ごとの対応を図にするとEの字になるためそう呼ばれていた。1990年代になると米国から会社レベルのダイヤモンド型営業が輸入された。ウォルマートとP&Gの製販同盟である。階層ごとの対応でなく、マーケティング機能（商品、広告販促、流通政策、ロジスティクス）単位で協働するスケールの大きなダイヤモンド型営業だった。そもそも、ダイヤモンド型、バタフライ型という語源はこの取り組みの紹介からきている。

家庭用営業のダイヤモンド型営業を論じてきたが、じつは業務用営業のほうがその必要性は高い。業務用営業には完成品としての業務用商品を取引する営業と、原材料もしくは中間製品を供給し完成品の商品を得意先と協働して作り上げる営業の2つがある。後者の場合は担当営業ひとりの営業では済まないのだ。

たとえばある原材料メーカーは大手弁当チェーンに対し、窓口の支店を中心に本社営業部門、研究開発部門、海外調達部門、さらに外部の商社、アジアの現地生産会社も含めた大きなダイヤモンド・フォーメーションを編成し、商品開発や海外生産物流体制の確立に取り組んでいる。家庭用営業とは次元の違うスケールの営業になっている。

③お客さま接点実現

店舗や拠点をフォローできる体制があるのなら、そのお客さま接点実現力をめいっぱい使う。これも「ダイヤモンド型営業」のひとつである。

メーカーでは家電、日用品・化粧品、菓子、飲料、酒類などの業界が比較的大きな店舗営業体制をもっている。家電量販店やドラッグストアにいくとメーカー別の売場づくりが多いし、スーパーマーケットにいくとレジの横の催事場は飲料か菓子の催事陳列が多く、酒類売場に行くと必ずメーカーごとの催事陳列が展開されているのはそのためだ。

あるメーカーの営業担当者が、あるドラッグストアの定番売場品揃えが本部の指示どおり店舗で実現されているか測定したところ、きちんと実現されていたのは308店中39店（12・7％）しかなかった。別のメーカーの営業担当者が、あるスーパーマーケットでの生鮮食品と調味料のクロス・マーチャンダイジング施策の売場実現率を調べたところ、30店中6店でしか展開されていなかった。お客さまにもっと買っていただくためには、売場実現率を上げることが非常に大事なのだ。

本部で決まったことの売場実現率が低くなる理由はいくつかある。

日本の場合、そもそも平地が少ないうえに大型店の出店を抑制する法整備もあり、同サイズ・定型での出店が難しい環境にあったため、標準化したオペレーションが困難で売場実現率が低くなりやすい。本部の調達担当者より店舗の店長や主任のほうが経験豊富で年齢も上という小売業も多く、そういうところはおのずと本部のリード力が弱くなる。商品部が自分の役割を調達と販売政策立案までととらえていて売場実現率の責任を負わない小売業もある。本部主導ではなく個店主導の運営方法をとっている小売業も売場実現率は上がりにくい。

店舗営業部隊を厚くもっているメーカーは、本部担当営業が店舗営業部隊とのコミュニケーションを深め、モチベーションとスキルを上げることが重要になる。たとえば、本部担当営業は店舗営業部隊からのメール報告にこまめにクイックレスポンスし、「いいね」とどんどん返していく。店舗営業部隊の会議に可能な限り多く出席し、施策の展開指示書に売場展開図・写真などを入れ、ポイントを絞り込んでわかりやすく説明する。個店ごと施策の実施有無、展開位置、販売実績などを全員に公開し、目標設定もしてもらうことでモチベーションとスキルの向上を図る。ときにはコンクール形式にして競ってもらう。そんなアクションが必要になる。

④得意先によるダイヤモンド型営業の応用

なお、すべての戦略がダイヤモンド型営業になるわけではない。では、どうとらえておけばよいのか。そのときの自社の立ち位置によって決まってくる。「4つの営業手法」の組み合わせ方のところに戻って説明しよう。

得意先が、ディスカウント型量販店やドラッグストアのように、価格・コストを優先するコストリーダーシップ企業で、当社のシェアが得意先が意見を聞く態度になる「あるべきシェア」に達していない場合は、担当営業とマネージャーによるバイヤーおよびその上司への接触量の最大化とブランド力&価格での実績づくりの営業を主な活動とすべきだろう。実績を積んで窓口の信頼を確保することを最優先にするということだ。そうしないと、EDLC・EDLPを最重点方針とする得意先は、地区長の言うことや非価格の課題解決提案に耳を傾けようとはしない。もちろん、施策の提案・展開・検証報告を通じて少しずつ人脈を広げていく。そのうえで「あるべきシェア」に達したあたりから、各階層が前記したようなそれぞれの役割を果たしていくダイヤモンド型営業に移行する。非価格の課題解決提案をどんどん盛り込んでいく。

得意先が一般的なスーパーマーケットのように差別化や需要創造を重視する企業で、当社が「あるべきシェア」に達していない場合は、最初から各階層がそれぞれの役割を果たすダイヤモンド型営業を仕掛けてもいいだろう。ただし、実績がたいへん低くて得意先に自社があまり認知されていないのであれば、最初は、バイヤーとその上司への接触量の最大化とブランド力&価格での実績づくりの営業からはいり、実績向上とともに徐々にダイヤモンド型営業に移行していけばよいだろう。そして、「あるべきシェア」を超えたら、階層別のダイヤモンド型営業だけでなく、本社の営業支援スタッフや場合によっては商品担当スタッフも交えた機能別ダイヤモンド型営業に発展していってもいいだろう。それは、取り組みにカテゴリーマネジメント、オリジナル商品開発、ロジスティクス改善、課題店改善といったテーマがはいってきて、盤石な協働取り組み関係に進展したことを意味している。

(3) 非価格の課題解決

3つ目の営業手法が、「非価格の課題解決」である。「科学」が主役になり、「ソリューション営業」とも呼ばれているものである。

①課題合意

「非価格の課題解決」営業は「課題合意」からはじまる。

課題合意するためには、得意先に課題を聞ける関係になっていないといけない。先に触れたように、第1の営業「人脈づくり」が進んでいないとうまくいかない。担当バイヤー、その上司が考えていることをよく理解し、販促や他部門のキーマンとも話し合える関係ができていないと進まない。

また、いつも課題提示ができている関係になっていないといけない。これも先に触れたが、「こんな施策を実施し、売場をこうつくり展開したところ、こういう結果になりました」という実績レビューや、「市場の販売データと御社の販売データはこうなっています。他社でこんな成功事例があります」という市場データの提供ができている必要がある。

課題を聞くことは得意先が自覚している「既知の課題」を把握するということであり、課題提示をすることは得意先がまだきちんと自覚していない「未知の課題」を示すということだ。

実際に、お客さま接点はどのような課題を抱えているのか。ここではそれを少し紹介しよう。

図17と図18は、スーパーマーケット83社とドラッグストア15社のおもに商品部長が2012

図17　スーパーマーケットとドラッグストアの主な課題（中分類）

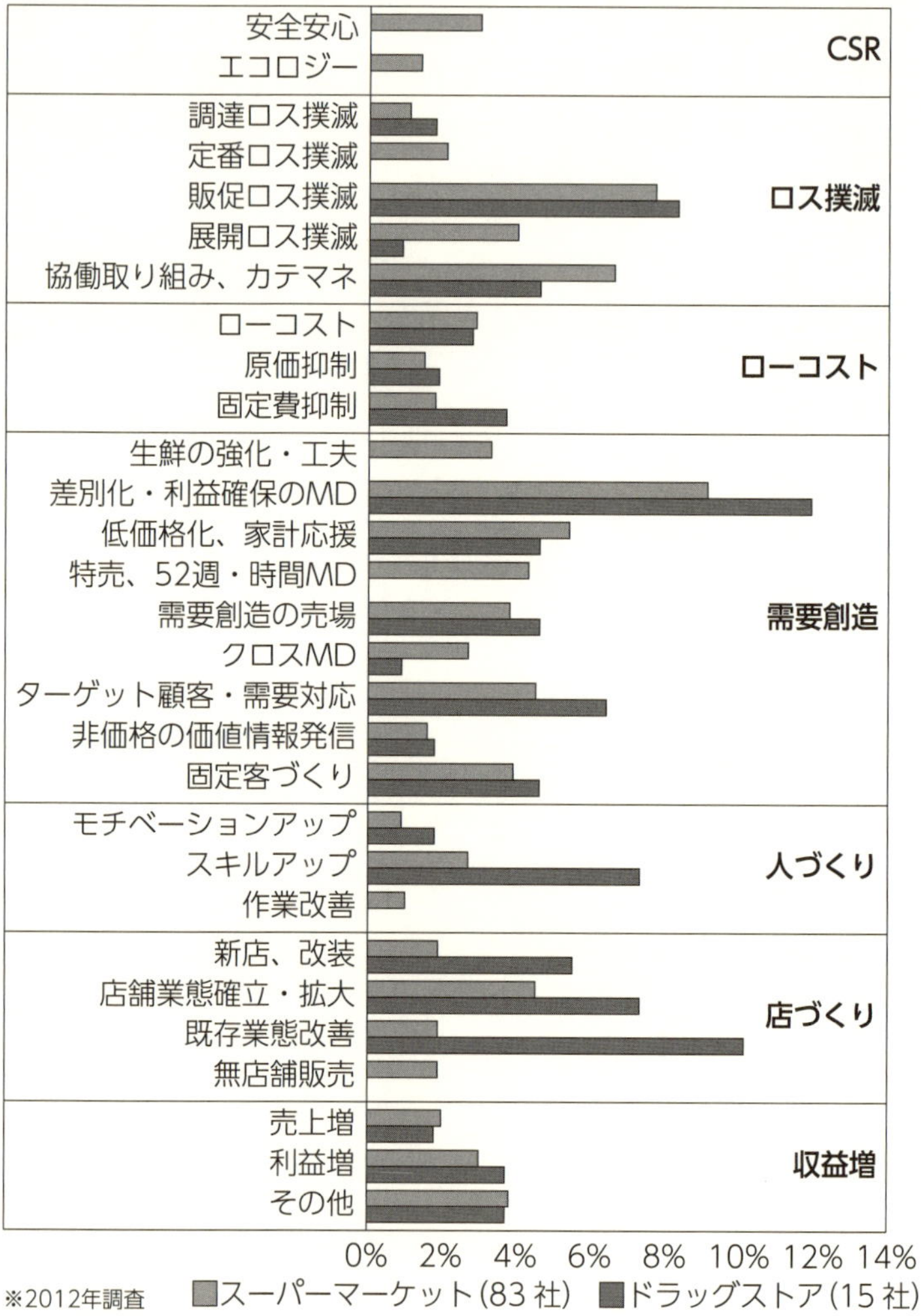

※2012年調査

出典：二俣事務所

図18　スーパーマーケットとドラッグストアの主な課題（小分類）

〈スーパーマーケット83社〉

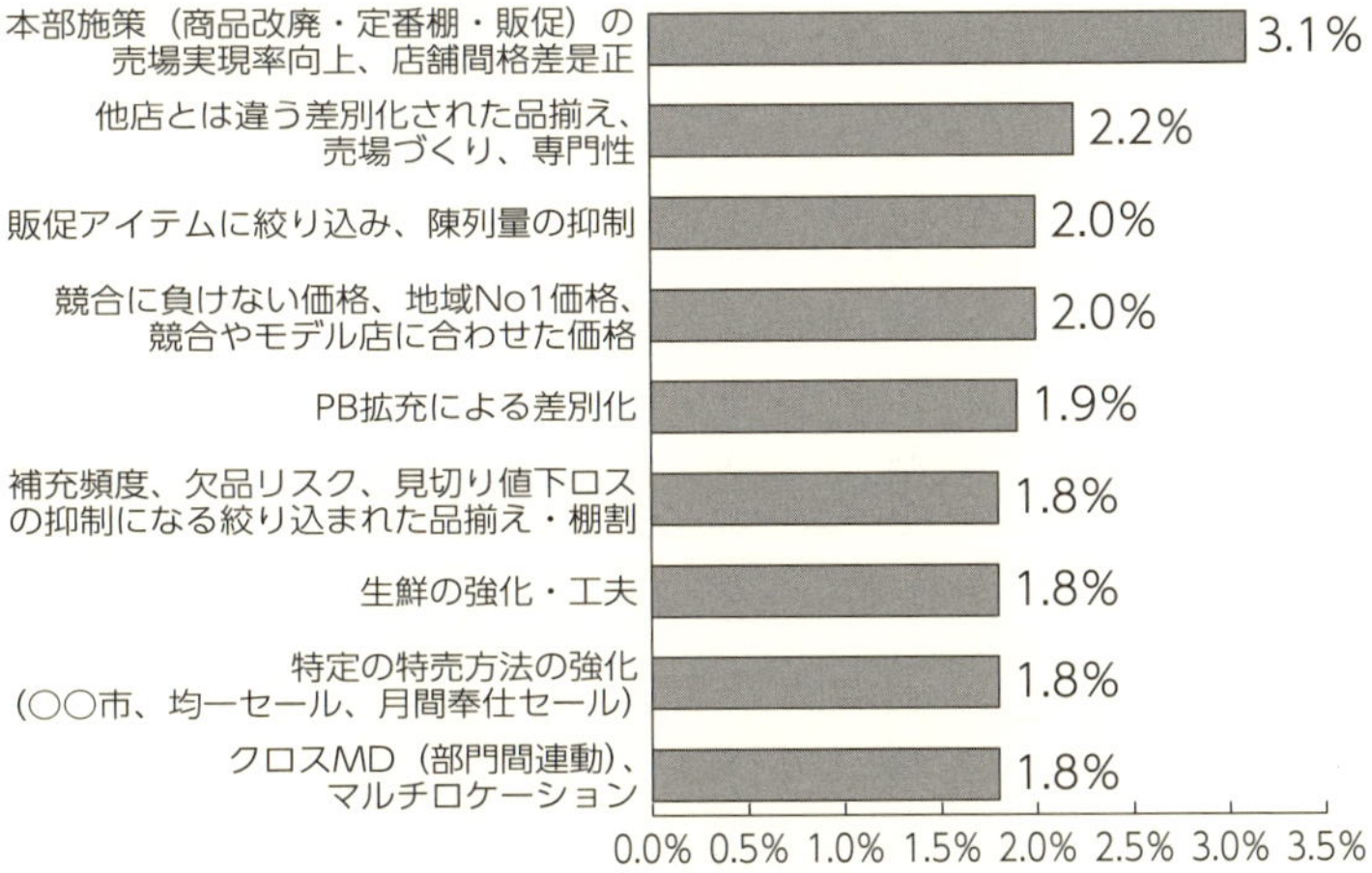

〈ドラッグストア15社〉

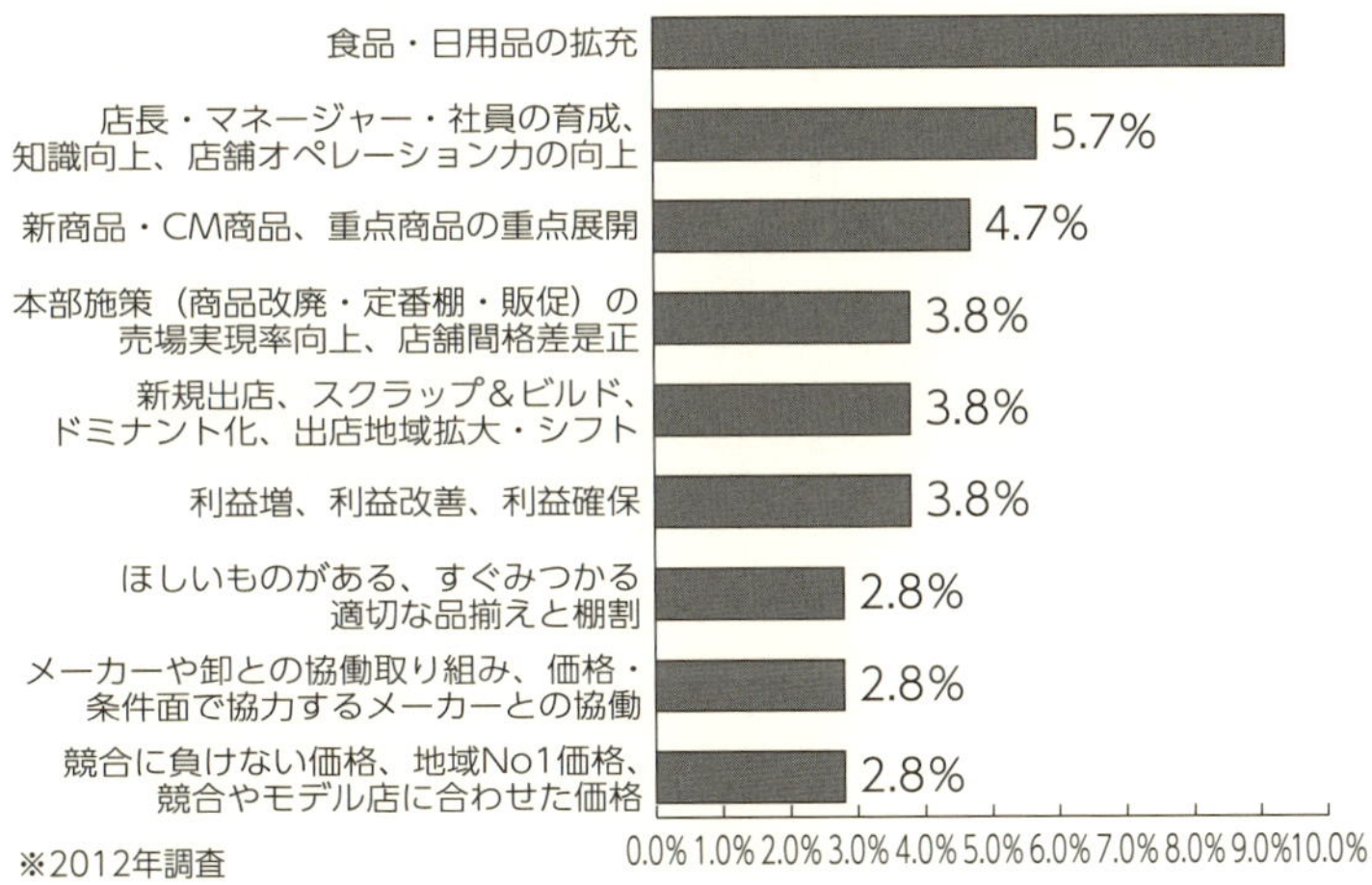

※2012年調査

出典：二俣事務所

年に話した課題認識をタイプ分類したものである。我々が直接ヒヤリングした記録と、営業マンがヒヤリングした記録から分析している。中分類で整理したものと、小分類でランキング表示したものの2つを示した。

スーパーマーケットの課題は、中分類で見ると差別化・利益確保のMD、低価格化、家計応援、ターゲット顧客・需要対応、特売、52週時間MD、固定客づくりといった「需要創造」の課題と、定番ロス撲滅（品揃えロス）、展開ロス撲滅（売場実現率、店舗格差）、販促ロス撲滅（機会ロスなど）といった「ロス撲滅」の課題が多いのがわかる。その他では「店づくり」課題の一部である店舗業態確立も多い。

小分類でみると、本部施策の実現、店舗格差是正がトップの課題で、差別化された品揃え・売場、販促アイテム絞込み・陳列量抑制、競合に負けない価格が続く。スーパーマーケットの課題は、ここ数年継続して測定しているが、だいたい同じような結果になっている。

ドラッグストアの課題は、中分類でみるとスーパーマーケットと同じように、差別化・利益確保のMD、低価格化、家計応援、ターゲット顧客・需要対応、固定客づくりといった「需要創造」の課題と、定番ロス撲滅（品揃えロス）、展開ロス撲滅（売場実現率、店舗格差）といった「ロス撲滅」の課題が多いのが分かる。さらに、ドラッグストアならではの特徴として、既存業態改善、店舗業態確立といった「店づくり」の課題と、スキルアップなどの「人づくり」

の課題も多い。

小分類でみると、食品・日用品の拡充がトップにくる。カテゴリー別スペース構成や配置がまだ定まらず「店づくり」が大きな課題になっている。そのほか、店長・マネージャーの育成、新商品、本部施策の実現、店舗格差是正といった課題が続く。まだまだ成長途上の新しい業界ゆえの悩みであろう。

ディスカウントストアは、各社のホームページなどで公表されている方針を見る限り、次のような点が共通の課題といえる。

・ＥＤＬＰを実現するためのＥＤＬＣ（たとえば標準化された売場、必要最小限の従業員数と作業）

・ＰＢブランドづくり

一言でいえば、「低価格を実現するための効率」が最優先課題といえる。業務用の課題としては、以下のようなものがあげられる。

・外食の課題（看板メニュー、新メニュー、地域メニュー、ロス撲滅、従業員教育、店舗格差是正）

・業務用小売の課題（上位業務用顧客の再来店、家庭用顧客の獲得）

・業務用卸の課題（この地域、業態、得意先での伸ばし方、素材からレディトゥクック商材への転換、営業スキルアップ）

図19　需要創造の課題と取り組みテーマ

得意先の課題				取り組みテーマ
利益確保	需要創造（売上増）	客単価増	買上点数増	使い方・食べ方提案、クロスMD、多箇所陳列
				小量目露出
			商品単価増	高単価・高利益商品増、需要創造の商品づくり
				新商品増
		客数増	来店頻度増	52週販促、特売（チラシ・月間など）、EDLP
				高販売指数タイミングの販促、特定日販促
				広告連結の垂直立ち上げ
				イベント、キャンペーンなどのファンづくり
				安全安心取り組み（健康など）
				環境社会貢献取り組み
				FSP（カード会員への特典提供、クーポン）
			新規客増	イベント、タイアップキャンペーン
				チラシ広告見直し（商品、タイミング、配布地域）

出典：二俣事務所

・小売総菜部門の課題（ロス撲滅、看板総菜、季節総菜、健康総菜、小量目、従業員スキルアップ）

・メーカーの課題（新価値商品開発、既存商品リニューアル、研究開発部門の人材育成）

②需要創造

お客さま接点の最大の課題は「需要創造」である。「売上増」と呼んでもいい。図19のような施策が提案されている。代表的な方法を2つだけ挙げておこう。

●クロス・マーチャンダイジング、多箇所陳列

非価格でお客さまの買上点数を上げる代表的な方法だ。お客さまの生活シーンやニーズを分析し、そこから仮説として商品の組み合わせや陳列場所を提案し、展開・検証する。最近は、お客さまの購買履歴データ（ＩＤ-ＰＯＳデータ）を使って仮説検証するという取り組みも出てきている。突き出した陳列になりお客さまの買い物の障害物になってしまったり、店の作業量増加にもつながるため否定的な小売業も多い。

●52週販促

お客さまの来店頻度を上げる代表的な方法である。お客さまの52週の生活や購買行動に対応して販促をかけていく。販売データから販売指数が高まる時を明らかにして売れる時に売れるものを売る。そのときどきの生活催事や生活シーンから仮説を立てて対象商品を目立つ位置に陳列して需要を刺激する。製造業や卸売業からその計画が提案される場合もあるが、お客さま接点側がその計画を立てている場合も多く、その場合はその計画に乗るかたちで提案する。

③ロス撲滅

「需要創造」とならぶ課題として「ロス撲滅」がある。お役立ちの方法としては図20ような施策がある。代表的な方法を3つだけ挙げておこう。

●新商品や販促の売場実現

お客さまの関心が高く利益が確保できる新商品を売ることはあらゆる小売業にとって大きな課題だが、その売場実現率は低い。新商品に限らず、本部で計画した販促施策の実現率が高ま

図20　ロス撲滅の課題と取り組みテーマ

得意先の課題				取り組みテーマ
利益確保	ロス撲滅（在庫抑制）	定番ロス滅	ロスのない棚割計画	市場・店舗ギャップない品揃え、棚割
				売れ筋露出が確保された（商品が絞り込まれた）補充効率のよい棚割
				わかりやすいくくり方、情報発信
			棚割実現	棚割ルールづくり（棚割PDCサイクル、改廃）
				棚割・改廃の確実な実行
				補充作業がしやすい什器の導入
		販促ロス滅	ロスのない販促計画	機会ロスをなくす販促計画
				非価格販促増
				適正売価の販促計画
			販促売場実現	販促・新商品売場実現、販促キャラバン
				垂直立ち上げ
			在庫抑制	送り込み・発注方法の見直し
				特売商品数・期間の見直し、スポット販促抑制
				陳列の量・場所の見直し、バックルームの整理整頓

出典：二保事務所

らない。

店舗営業部隊を持っている会社の本部担当営業は、前記したようにその力を最大限に発揮することで解決しようとする。それはそれでよいのだが、売場実現は店舗営業部隊の仕事と任せてしまうため肝心のお客さま接点の経験に基づく情報が減り、本部に向けてオペレーション改善の働きかけが弱くなる。また、メーカーや卸売業の店舗営業力で売場実現率を上げても、小売業の仕組みが改善されたわけではない。つまり、根本の問題解決にはなっていない。

なぜ実現率が高まらないのか。その理由に解決のヒントがある。理想は得意先と合意して一緒に改善に取り組むことだ。理由と方法は、たとえば図21の課題ツリーのように示すことができる。メーカーや卸売業の営業は小売業にこの

図21　販促の売場実現課題ツリー

<table>
<tr><td rowspan="11">計画
(MD)</td><td rowspan="4">R：
リサーチ</td><td rowspan="4">販促展開の実態を知る（実施率、実施状況）</td><td colspan="2">売場実現率を測定する※販売実績とくらべる</td></tr>
<tr><td colspan="2">売場実現状態を記録する（写真撮影：動線から目立つか、陳列位置、陳列商品数、POP数・位置）※販売実績とくらべる</td></tr>
<tr><td colspan="2">店舗に、販促展開実績についての理由を聞く</td></tr>
<tr><td colspan="2">店舗に、本部の展開指示や販促内容についての要請を聞く</td></tr>
<tr><td rowspan="7">P：
プラン</td><td rowspan="7">販促計画を改善する</td><td colspan="2">対象商品を絞る、変える</td></tr>
<tr><td colspan="2">SKU数・陳列量を減らす（陳列スペースを抑える、送り込みを抑制する）</td></tr>
<tr><td rowspan="4">企画内容を変える</td><td>陳列の仕方を変える</td></tr>
<tr><td>メディアミクス方法を変える</td></tr>
<tr><td>特典内容を変える</td></tr>
<tr><td>販促物を変える、取り扱いやすい販促物にする</td></tr>
<tr><td colspan="2">地域・商圏・店舗タイプに合わせた販促計画にする</td></tr>
<tr><td rowspan="16">展開
(OP)</td><td rowspan="14">D：
ドゥ</td><td rowspan="2">メーカーの店舗フォロー力を上げる</td><td colspan="2">メーカーの店舗フォロー体制への展開指示の仕方を改善する</td></tr>
<tr><td colspan="2">メーカーの店舗フォロー体制を厚くする</td></tr>
<tr><td rowspan="5">展開指示のしくみを改善する</td><td rowspan="2">地域・SV体制への展開指示を改善する</td><td>地域本部への展開指示をわかりやすくする</td></tr>
<tr><td>店への展開指示をわかりやすくする</td></tr>
<tr><td rowspan="3">店への展開指示を改善する</td><td>店がわかりやすい販促展開指示書にする</td></tr>
<tr><td>店に直接説明する</td></tr>
<tr><td>店に案内するタイミングをはやくする</td></tr>
<tr><td rowspan="2">売場サイズ・位置のバラつきを減らす</td><td colspan="2">エンド・催事場のサイズパターンを統一する</td></tr>
<tr><td colspan="2">エンド・催事売場位置を統一する</td></tr>
<tr><td rowspan="5">売場担当者のモチベーションを上げる</td><td colspan="2">店が販売量を決めるようにする</td></tr>
<tr><td colspan="2">販促（陳列）期間に余裕をもたせる（計画期間前後でも店が売れるようにする）</td></tr>
<tr><td colspan="2">エンド・催事場の陳列量を減らす、上げ底にする</td></tr>
<tr><td colspan="2">インセンティブをつけて販売、消化率を競う（コンクールの導入）</td></tr>
<tr><td colspan="2">売場づくり報告に対しクイックレスポンスする、上位者から評価返信する</td></tr>
<tr><td rowspan="2">C：
チェック</td><td rowspan="2">売場を検証し、即実現度のバラつきを修正する</td><td colspan="2">実施後に売場を即検証しバラつき実態を把握する</td></tr>
<tr><td colspan="2">出来ていない店を即フォローする</td></tr>
</table>

出典：二保事務所

ような課題ツリーを提示し、小売業と一緒に考え、何をやるか決め、実行してみるのも一つの方法だ。

メーカーと小売業の協働による代表的な改善策としてこんな方法もある。

まず、得意先が新商品をどの程度売っているか明らかにする。これは得意先のポテンシャル（カテゴリー全体の販売金額）と対象商品の販売金額を知り、他社や平均値と比較することでわかる。次に、得意先の店舗別の販売実績を明らかにする。店舗別のポテンシャルと対象商品の販売金額を明らかにすれば、売っていない店が分かる。さらに、なぜ販売金額が低いのかを明らかにする。その商品の陳列写真を店舗ごとに確認すれば、どこで展開したか、どのように陳列したかがわかり、売れなかった理由が判明する。さらになぜそのような売場になったか知る。店舗の売場主任に聞く、得意先の本部から店舗へのオペレーションの仕組みを知る。ここまでやればどのような売場をつくれば売れるか、とくにどの店舗をフォローすればよいか、オペレーションの仕組みのどこを直せばよいかが見えてくる。店舗別の事実も他社の事実と比較できれば、得意先が直さなくてはならないことがよりはっきりと分かる。次の新商品導入や販促施策で改善策を入れて展開し、検証してみる。それを繰り返すことで売場実現率を上げていく。

●垂直立ち上げ

「垂直立ち上げ」という言葉がある。新商品や販促施策が広告で紹介されたと同時にその売場を全店で目立つ位置に展開することだ。そうすればよりたくさん販売できて利益も確保できることになる。この垂直立ち上げも多くの小売業の課題となっている。

新宿伊勢丹の一斉売場転換や、サントリーの「一夜城作戦」あたりが原型だったように思う。国内ではキリンビールが大きく展開した。パナソニックは世界中でこの方法を展開した。家電製品はすぐにアジアの競合社に真似され圧倒的に低価格の商品を導入されるので利益が確保できる期間が短い。そこで、垂直立ち上げによる初期の短期間での大きな販売にこだわったのだ。1年で最も売れるタイミングを起点に、販売政策から商品設計までさかのぼって計画を立てたため、その機能統合度の徹底さから「超垂直立ち上げ」と呼ばれた。

●在庫削減

在庫削減を課題としている小売業も多い。一般的に在庫が多いほど利益が低くなるからだ。

小売業が取り組む場合は、在庫管理を優先順位の高い目標に設定する、本部からの一方的な商品送り込みを停止して店舗から要請に基づいた配荷に変える、陳列アイテムと陳列量を減らす、といった方法が一般的である。しかし、これらの方法は品揃えと陳列量が少なく、お客さまにとって魅力のない売場展開につながりやすいという弱点ももっている。製販協働の在庫削減取り組みになると、製造業にとって品揃えが減るということはそのまま実績の低下につながるため、できるかぎり品揃えと陳列量を減らさないで在庫削減する方法が模索される。

図22　在庫削減の課題ツリー

大項目	中項目
1．仕入れ、本部送り込みの改善	⑴本部自動投入から店リコメンド制へ（本部が店別数量提案→店が数量修正）
	⑵初回投入数量の削減
	⑶スポット投入（定番外）の削減
	⑷本部送り込みの厳禁→リストから店が発注する方式
	⑸本部投入情報の迅速かつ確実な店への連絡→店発注の抑制
	⑹売れ数把握による正確な投入予測
	⑺死に筋商品の早期発見
	⑻発注単位の細分化
	⑼発注から納品までのリードタイムの短縮
	⑽シーズン商品の委託販売の比率アップ
2．商品切り替えの改善	⑴「1品採用、1品カットの原則」の徹底
	⑵商品切り替え時の迅速な処分
	⑶カット連絡の早期実施
	⑷店舗への商品切り替え方法の指導
	⑸クリアランス店舗設定による集中処分
3．売り出し、インプロの改善	⑴売り出しアイテム数の削減
	⑵売り出しアイテムの定番比率アップ
	⑶売り出し、インプロの店別納入数量→店がチェックする仕組み
	⑷売り出しアイテムの入荷日を1～2日前にする
4．売場在庫・陳列、什器の改善	⑴エンド・平台陳列在庫→上げ底、ダミー陳列
	⑵ゴンドラ陳列量の削減→上げ底、ストッパー
	⑶低回転商品の陳列量の削減→上げ底、ストッパー
	⑷陳列什器そのものの削減
	⑸エンド什器の奥行き幅の縮小（薄いエンドに）
	⑹突き出し陳列の禁止
5．バックルーム在庫の改善	⑴バックルーム在庫の整理整頓
	⑵在庫すべきもの、在庫すべきでない商品の峻別
	⑶バックルーム什器そのものの削減
6．商品回転率の向上（回転率に沿った陳列）	⑴店舗規模の適正な把握
	⑵店別売れ筋、死に筋の正確な把握
	⑶棚割の改善→高回転率商品のフェイス数拡大→低回転商品のフェイス数縮小
	⑷部門別、クラス別、単品別の標準陳列量の設定
	⑸生活提案力、情報発信力の向上
	⑹インストアプロモーション、クロスMD、POP
7．従業員教育	⑴適正発注の教育
	⑵発注・売り切りコンクール

出典：二俣事務所

これも「新商品や販促の売場実現」のところで触れたように、課題ツリーを製販で一緒に議論してやることを決めて取り組むのもひとつの方法である（図22）。

たとえば製販協働の在庫削減で手段として多いのは、バックルーム在庫整理だ。納品された在庫が奥のほうで停滞しないようにキレイにわかりやすく並べることでだいぶ改善される。店舗の力だけですぐにとりかかれる。

④従業員スキルアップ

従業員スキルアップも、ほとんどのお客さま接点に共通する課題だろう。いくつかの方法がある。

●商品勉強会

小売業の従業員の商品知識を上げる取り組みだ。製造業の営業マンや有資格者が講師となって実施される場合が多い。有資格者とは、公的および私的な専門資格をもった者だ。たとえば、酒類業界のワインアドバイザーがそうだ。小売業の施設や外部会場、工場見学を兼ねて製造業の工場で実施されたりする。従業員の商品知識向上とともに、製造業にとっては得意先を理解し、また自社を理解してもらう大きな手段でもある。

●コンクール

賞品を設定して販売や陳列を競ってもらうコンクールもよく展開されている。販売技術や商品知識の向上だけでなく、表彰されたり、販売数値が高まることで店舗の従業員のやる気が高まる。1000人あたりの購入金額および数量であるPI値を競うものや、価格以外の価値メッセージPOPを競うものもある。得意先がとくに課題としていることを反映させればよい。

●実践的勉強会

勉強会とコンクールを組み合わせて、実際に販売実績の向上を目指すものを「実践的勉強会」と呼ぶ。たとえば、勉強会でこんど販促をかける商品についての勉強をしてその売場展開図まで作ってもらう。実際にそのとおり展開し、展開写真と販売実績をもって再び集まり、成功や失敗の理由も含めて報告しあう。続いてその場で、次の販促について商品を勉強し売場展開図を描き、また展開し報告し合う。それを繰り返す。販売実績とやる気と商品知識と売る技術のすべてが高まっていく。酒類業界がよく展開していた。

⑤CSR

小売業のホームページをいくつか開いてみればわかるが、ほとんどの企業が環境・社会貢献にページを割いている。近年、CSR(環境社会貢献)を重視しない企業は生きていけなくなるともいわれている。

ＣＳＲはトップが中心になって進めている。大きな企業になるとＣＳＲに取り組む専門部署も設置されている。つまり、ＣＳＲ施策を提案すれば商品部以外のトップや他部署との関係もつくることができる。

たとえば、キリンビバレッジはたくさんのＣＳＲ施策を揃えている。ヴォルビックを買うとアフリカの水が不足している地域に水が供給される「1リットル for 10リットル」施策、商品についたベルマークを集めて応募するとその店舗の近くの学校の備品になる「ベルマーク」施策、自販機で飲料を買うと乳がん撲滅に貢献できる「ピンクリボン自販機」施策などである。

ただし、これらの施策はトップが進める取り組みにもかかわらず売場実現率が低い。商品部も店舗も売上や利益が目標化されているため、特売や派手なプレミアムキャンペーンに比べて売上にむすびきにくいＣＳＲ施策には消極的なためだ。

⑥店づくり

店づくりとは、新規出店や改装、業態の確立のことである。「お客さま接点」企業にとっては最も基本的な課題といえる。調達部門とおもに交渉しているメーカー・卸売業の営業は、この基本的課題について大きな貢献をもとめられることはあまりない。メーカー・卸売業としては、バイヤーとの接触量アップや人脈づくりのために自主的な新店・改装店売場づくりのお手伝いを進めるくらいだ。しかし、店づくりはお客さま接点にとってはすべての部署・階層が深くかかわる「核」の課題である。そこにかかわるということは、それまでにない得意先の各階層・部署全体から大きな信頼を獲得できる可能性があるということだ。

メーカーや卸売業の「店づくり」の手伝い方としては以下の方法がある。

●関連部門との接触

前提として、調達部門だけでなく新規出店・改装、業態開発を役割とする部門と関わりを持つほうがよい。バイヤーに紹介してもらう形でもよい。営業企画、店舗運営といった部署になってくると思う。

●商圏分析データの提供

多くの製造業・卸売業が商圏分析プログラムをもっている。得意先の新規出店・改装にそれを使った分析データを積極的に提供する。

●店舗比較調査

得意先の対象店と競合店やモデルにした店舗との店舗比較調査を実施して、課題を報告する。このことをストア・コンパリゾン（ストコン）と呼んだりもする。報告する相手が調達部門であれば調査する範囲はバイヤーの担当領域やカテゴリー部門全体の品揃え、スペースどり、定性的な売場づくり状況などでいいが、調達部門長や営業企画部門長クラスが相手であればその範囲は売場全体になる。

●お客さま調査

対象店のお客さま調査を実施して、課題を報告する。大きく2つの方法がある。

ひとつは出口アンケート調査である。お客さまの属性、住まい、利用している店、それぞれの利用店で買うもの・買わないもの、その理由、商品以外でよい点・よくない点などを聞く。これにより弱点の地域はどこか、対象店および競合店はどこが強みでどこが弱みか、具体的にどの店に何をとられているか、お客さま属性（年齢など）ごとにみるとどういう特徴があるかなどがアウトプットできる。

もうひとつの方法は客動線調査である。出口アンケート調査と同時に実施する場合が多い。この調査により、お客さま属性（年齢など）ごと、売場ごとの、通過・立寄・購入の実態がわかる。同時購入状況もわかる。その結果、品揃えやスペースどり、情報発信を強めなくてはならない売場、配置を見直す必要がある売場がみえてくる。

メーカー・卸売業側が人をかけて調査する。人手がかかるが、お客さま接点を具体的に理解する手段としてはこれ以上のものはない。

ただし、目的は「店づくり」である。その対象店で働く従業員自身が調査に参加して自分で課題を実感し改善行動をしていくことが重要である。本部スタッフの知識や本部から店舗への指示の材料づくりで留めるよりも、直接店舗の展開に生かすのが理想である。したがって、お客さま調査は可能な限り店舗の従業員と一緒に進めたい。

⑦商品づくり

商品づくり、つまりプライベートブランドづくりは先に紹介したスーパーマーケットの小分類課題ランキングでは5番目に登場し、ドラッグストアの同ランキングでは14番目に出てくる。コンビニエンスストアは多くの企業が、取り扱いのほとんどの商品をプライベートブランドにするという基本方針を掲げている。業務用では、そもそも「商品づくり」が営業の主目的と言っていい。

デフレ社会の進展が、お客さまの価格優先の選択を増やした。多くのメーカーの参加によりプライベートブランドの品質の向上が進んだ。お客さま接点にとって、プライベートブランドづくりは低価格化と差別化と利益確保のきわめて重要な手段になった。製造業はナショナルブランドだけではやっていけなくなっている。お客さま接点の要請に応えて専用のオリジナルスペックを準備していかざるをえなくなっている。

⑧多次元接点サバイバル

日本国内市場は縮み始めている。それとともに、お客さまはさまざまな接点でいろいろなかたちの商品と出会うようになった。とくに食ニーズと商品の出会い方が多様になってきた。スーパーマーケットのような「食材」ニーズを受け止める接点での出会い、ファストフードのような「食事」ニーズを受け止める接点での出会い、ドラッグストアのような住生活ニーズや健康ニーズを受け止める接点での出会い、コンビニエンスストアのような家のすぐ近くにあることに価値がある接点での出会い、無店舗販売のように家に届けてくれることに価値がある接点での出会いなどがある。メーカーがつくったナショナルブランドとしての出会い、小売業とメーカーが協働してつくったプライベートブランドとしての出会い、モノが組み込まれてしまったコト（食事）としての出会いもある。

お客さま接点企業は、縮む市場で多次元の接点と生き残りをかけて戦っているのだ。メーカー・卸売業は、その多次元接点サバイバルに参加し貢献していかなくてはならない。

（4）価格の課題解決

4つ目の営業手法である「価格の課題解決」は、お客さま接点に向けての「トレード・プロモーション」や「プッシュ策」と呼ばれるものだ。2つ目の営業手法である「組織的アプローチ」のブランド力とともに以前から引き継がれてきているものである。

ただし、「価格の課題解決」は販促費、さらには販売管理費の増加につながるので、十分に注意して実施しなくてはならない。

①自社の価格施策の運用工夫

メーカー・卸売業には自社の価格政策がある。流通向け販促費を本社と地区のどちらがおもに持っているかによって違うが、流通向け販促費は対象、タイミングを見極めてメリハリをつけて有効に使っていく。

たとえば地区でトップレベルのポテンシャルをもち、コストリーダーシップが基本方針の得意先にはある程度集中投下していく。

また、販売指数が高まるタイミングに集中して使っていく。高販売指数週もしくは日を特定して、そのタイミングでは価格も提示して確実に売りをとっていく。

②得意先の重点販促策エントリー

どの小売業にも重点の価格訴求販促がある。「火曜市」「1．2．3の市」「月中市」「レジ得」などである。そういう重点販促策には可能な限りエントリーする。そうでないとブランドの十分な配荷・露出が確保できず、大きくお客さまの選択を獲得することはできない。

③リベート、アローワンス、特別条件

代表的な価格型プロモーションとして、リベート、アローワンス、特別条件がある。

リベートとは、販売量契約（割戻金契約）のことで、年間契約、半期契約、短期契約などがある。目標量の達成度に沿って割戻金が支払われる。20年以上前から「たくさんの企業と締結していて目標達成は極めて困難なのだから契約の時代は終わる」と言われながら一向に終わらない。

アローワンスとは、個々の施策に付随するトレードプロモーションのことである。チラシ協賛、広告・イベント協賛、陳列フィー、商品登録フィー、物流センターフィーなどがある。最近では、ＰＯＳデータ購入フィーというのもある。「ＰＯＳデータを買う」ということだ。

特別条件とは、出荷条件のことだ。納価抑制や半値導入、「10個に1個つける」というような外増し条件などがある。

④適正価格提案

たくさん売れて、利益も確保できる販売価格を助言する。

販売実績データから、商品ごとに販売価格ごとの販売量を整理する。そうすると、ある価格より低くしても販売量はあまり変わらないことがわかる。このことを「価格弾力性」ともいう。そのピーク販売量の最高価格を提案する。たくさん売れて、利益も確保できる販売価格である。むだに利益を減らす安売りから脱却するのだ。

お客さまの出した結果である販売実績データではなく、お客さまの感覚から組み立てる価格設定方法もある。その代表である「ＰＳＭ分析（Price Sensitivity Measurement）」にも触れておこう。

４つの質問をする。

あなたは、この商品が幾らくらいから「高い」と感じ始めますか？
あなたは、この商品が幾らくらいから「安い」と感じ始めますか？
あなたは、この商品が幾らくらいから「高すぎて買えない」と感じ始めますか？
あなたは、この商品が幾らくらいから「安すぎて品質に問題があるのではないか」と感じ始めますか？

回答されたそれぞれの価格について累計のパーセンテージを計算し、グラフ化する。交点が

4つできる。それが最高価格、妥協価格、理想価格、最低品質保証価格を示す。

⑤物流改善からの価格改善

メーカーは卸売業と、卸売業と小売業は相互に、物流やマージン率について交渉し改善して低価格を実現していく。

低価格を実現している小売業はどのような物流の仕組み、マージン率になっているかを学んで、それをモデルとして改善していく場合もある。ベンチマーク分析という手法だ。運送費、保管費、流通加工費、梱包費、車両調達費、人件費、燃料費、高速代、諸経費、拘束時間、便数などに具体的に分解してひとつひとつ詰め、価格改善に結び付けていく。

⑥低コストオリジナル商品の開発

前項の「(3) 非価格の課題解決」の「⑦商品づくり」で触れたとおりである。「商品づくり」は多くの場合、低コストオリジナル商品開発になる。

図23　4つのゾーンの営業

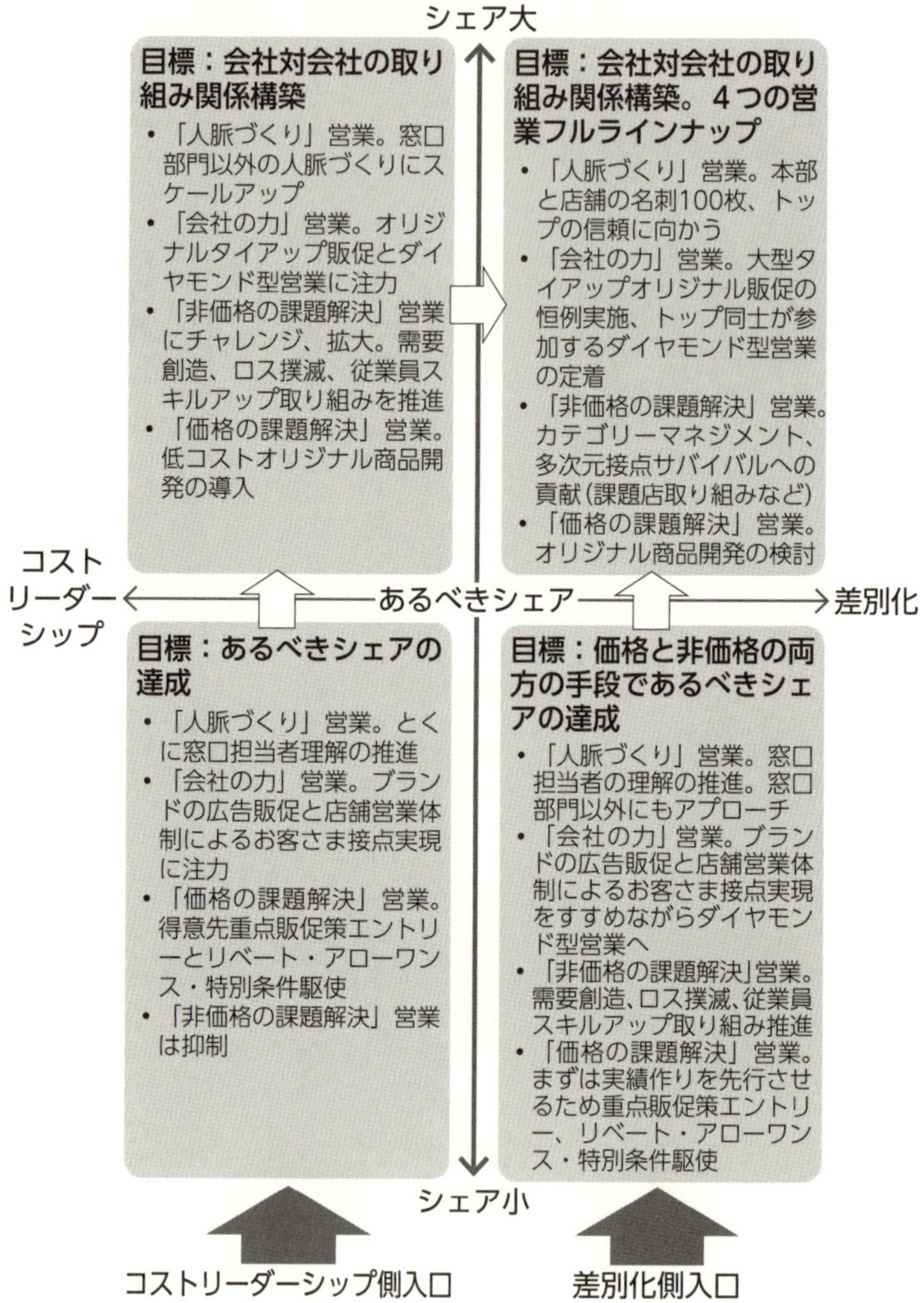
シェア大
目標：会社対会社の取り組み関係構築
・「人脈づくり」営業。窓口部門以外の人脈づくりにスケールアップ
・「会社の力」営業。オリジナルタイアップ販促とダイヤモンド型営業に注力
・「非価格の課題解決」営業にチャレンジ、拡大。需要創造、ロス撲滅、従業員スキルアップ取り組みを推進
・「価格の課題解決」営業。低コストオリジナル商品開発の導入
目標：会社対会社の取り組み関係構築。4つの営業フルラインナップ
・「人脈づくり」営業。本部と店舗の名刺100枚、トップの信頼に向かう
・「会社の力」営業。大型タイアップオリジナル販促の恒例実施、トップ同士が参加するダイヤモンド型営業の定着
・「非価格の課題解決」営業。カテゴリーマネジメント、多次元接点サバイバルへの貢献（課題店取り組みなど）
・「価格の課題解決」営業。オリジナル商品開発の検討
コストリーダーシップ
あるべきシェア
差別化
目標：あるべきシェアの達成
・「人脈づくり」営業。とくに窓口担当者理解の推進
・「会社の力」営業。ブランドの広告販促と店舗営業体制によるお客さま接点実現に注力
・「価格の課題解決」営業。得意先重点販促策エントリーとリベート・アローワンス・特別条件駆使
・「非価格の課題解決」営業は抑制
目標：価格と非価格の両方の手段であるべきシェアの達成
・「人脈づくり」営業。窓口担当者の理解の推進。窓口部門以外にもアプローチ
・「会社の力」営業。ブランドの広告販促と店舗営業体制によるお客さま接点実現をすすめながらダイヤモンド型営業へ
・「非価格の課題解決」営業。需要創造、ロス撲滅、従業員スキルアップ取り組み推進
・「価格の課題解決」営業。まずは実績作りを先行させるため重点販促策エントリー、リベート・アローワンス・特別条件駆使
シェア小
コストリーダーシップ側入口
差別化側入口

出典：二俣事務所

（5）4つの営業手法の組み合わせ方

4つの営業手法を説明した。これらのすべてを、すべての対象に実行するわけではない。対象企業の方針や、自社のポジション、関係の段階によって打ち手が違ってくる。つまり4つの営業手法の間で比重のかけ方、組み合わせ方が違ってくる。

図23をみていただきたい。これはお客さま接点企業の方針を横軸、自社のシェアを縦軸にとり、お客さま接点企業を大きく4分割している。ちなみに横軸のお客さま接点企業の方針は、左をコストリーダーシップ（価格・コスト重視）、右を差別化としている。縦軸のシェアで横軸と交差している交点は自社が優位性を保持できると思われる「あるべきシェア」になる。それぞれのゾーンごとに4つの営業の比重のかけ方が違っているのがわかると思う。すべての業界、会社にあてはまるわけではないが、ひとつの考え方としてみてほしい。

4つのゾーンの営業を説明していこう。

①得意先の方針が「コストリーダーシップ」で自社が「低シェア」の場合

まず、得意先が「コストリーダーシップ」（価格・コスト重視）を掲げており、自社が「低シェア」の場合である。このゾーンの対象企業には「非価格の課題解決」営業は控える。たとえそういう提案をしても得意先は反応しない。それ以外の「人脈づくり」「組織的アプローチ」「価格の課題解決」の営業を進める。

とくに大事になるのは、「人脈づくり」営業のうちの「窓口担当者の理解」、「組織的アプローチ」営業のうちの「広告・販促力」「接点実現力」、「価格の課題解決」営業のうちの「得意先の重点販促策エントリー」「リベート、アローワンス、特別条件」だろう。

クイックレスポンスや新規店舗・改装店舗応援などに徹してバイヤーの信頼を獲得し、広告・販促力と価格施策と接点実現力で実績数値を着実に積み上げ、得意先内で注目される位置にもっていく。目標は「あるべきシェアの達成」ということになる。

②得意先の方針が「コストリーダーシップ」で自社が「高シェア」の場合

当初は①のケースであっても、きちんと営業展開すればやがてシェアが「あるべきシェア」を超え、左上の「コストリーダーシップ」「高シェア」のゾーンに移る。営業方法も変化する。「人脈づくり」営業は「窓口担当者の上司の理解」「窓口部門以外の理解」「有力調達先の理解」などにスケールアップしていく。

「組織的アプローチ」営業は「オリジナル販促力」「ダイヤモンド型営業力」に重点が移っていく。定期的に実施される恒例タイアップ大型販促施策を埋め込み、地区長や本社のトップが定期的に訪問する営業にしていく。

「非価格の課題解決」営業にもチャレンジしていく。「需要創造」「ロス撲滅」「従業員スキルアップ」などの取り組みを進めていく。

「価格の課題解決」営業には「低コストオリジナル商品開発」の取り組みも入ってくる。

目標は「価格と非価格の手段で会社対会社の関係をつくりあげる」ということになる。

③得意先の方針が「差別化」で自社が「低シェア」の場合

もうひとつの入口である右下の当社が「低シェア」で得意先方針が「差別化」の対象企業の場合、最初から「人脈づくり」「組織的アプローチ」「非価格の課題解決」「価格の課題解決」の4つの営業を駆使して実績をつくっていく。

「人脈づくり」営業は「窓口担当者の理解」を中心に進める。「コストリーダーシップ」方針の得意先であろうが「差別化」方針の得意先であろうが、まずは月4回レベルの接触量の実現である。そのうえで「窓口担当者の上司の理解」「窓口部門以外の理解」「有力調達先の理解」にもチャレンジしていく。

「組織的アプローチ」営業は「広告・販促力」「接点実現力」を中心に進めながら、徐々に「地区レベルのダイヤモンド型営業力」を取り入れていく。

「価格の課題解決」営業は「得意先の重点販促策エントリー」「リベート、アローワンス、特別条件」を進める。得意先が前面にコストリーダーシップ（価格・コスト重視）を打ち出していなくても、販売実績が得意先のなかで注目される位置にもっていくことが重要である。

「非価格の課題解決」営業は「需要創造」「ロス撲滅」「従業員スキルアップ」のお役立ち営業を積極的にすすめる。

目標は「価格と非価格の両方の手段であるべきシェアの達成」といえる。

④得意先の方針が「差別化」で自社が「高シェア」の場合

「あるべきシェア」を超えた「差別化」方針の得意先にたいしては、これまで挙げてきた4つの営業すべてを検討し実行していく。他のゾーンにはない深い取り組みが進む。

「人脈づくり」営業は、本部と店舗の名刺100枚、トップの信頼まで到達する。

「組織的アプローチ」営業は、最大レベルの定番登録数、主要なブランド別政策すべての実現、大型タイアップオリジナル販促の恒例実施、トップ同士が参加するダイヤモンド型営業の定着に向かう。

「非価格の課題解決」の営業が極限まで深まる。たとえば、カテゴリー単位で「需要創造」と「ロス撲滅」を追求する「カテゴリーマネジメント」がすすむ。カテゴリーマネジメントとは、一言でいうと小売業のマーケティング戦略のことだ。カテゴリー単位でみていくという意味の「カテゴリー」というネーミングに惑わされるのだが、商圏の事実とその商圏に働きかけた結果から課題を発見し、課題解決によって到達したい目標を設定する。課題を解決する方法を計画し、展開、検証、改善を進め、目標達成を図っていく。それをカテゴリー単位で行うということだ。「POS分析」や「棚割」のことではない。それらはこの取り組みの中の一手段である。これをお客さま接点である小売業と、卸売業もしくはメーカーが協働してすすめる。

例えばある会社では、このゾーンの得意先を対象に「店づくり」取り組みを進め、「課題店取り組み」と呼んでいる。得意先の新店や改装店、売上が減少している店などを対象に商圏分析と店舗比較調査、出口アンケート調査や客動線調査を実施し、課題を明らかにして改善案を提示する。対象は得意先の全カテゴリーである。そこには基本的に、自社商品の拡売提案などの自己都合は組み込まれない。あくまで得意先の課題解決だけが追求される。自社が得られるメリットは会社対会社の関係、トップからの信頼が実現することであり、その信頼関係にもとづく販売量の安定である。これは多次元接点サバイバルへの貢献取り組みともいえる。「価格の課題解決」営業も可能な限り取り組んでいく。「低コストオリジナル商品開発」も検討対象になる。

わかりやすいように、「コストリーダーシップ」方針の得意先と「差別化」方針の得意先という分け方で4つの営業手法の組み合わせ方を紹介してきたが、現実はそんなに単純ではない。「差別化」方針の得意先でも自社の販売量が著しく低いのであれば、「コストリーダーシップ」・「低シェア」ゾーンの営業でとにかく実績づくりに専念して、得意先に「聞いてもらえる」実績に達したあとで「差別化」・「低シェア」ゾーンの営業に転換していくパターンもある。得意先が方針転換する場合もよくある。その場合も、「コストリーダーシップ」ゾーンの営業から「差別化」ゾーンの営業へ転換したり、その逆も然りということになる。

3.「考える営業」の4ステップへの落とし込み

4つの営業手法をどのように展開していくか。ここではさらに、サプライヤー営業が基本とすべき「考える営業」のもと、水口健次の戦略の4ステップ（78P参照）にならって「課題の発見」「戦略の構築」「戦略の展開」「戦略の検証」という4つのステップに落とし込んで整理してみよう。

(1) 課題の発見

課題の発見は、「考える営業」の入り口である。課題の発見には大きく分けて、人脈の理解と得意先の課題発見がある。

①人脈理解

意思決定者やキーとなる関与者は誰か、物事はどのような段取り・基準で決まっているかがわかっていなければ、アプローチすべき相手、おさえるべき商談タイミングが定まらない。得意先との接触を重ねるうちに分かっていけばいいが、このことをきちんと意識して動く必要がある。初期段階はとくに重要である。

まず、「組織図深度バロメーター」をつくるため得意先の組織図を入手する。入手できなければ作成する。各部署に責任者やメンバーの名前も書きいれていく。徐々に書き足していけばいい。たとえば、接触なし、名刺交換、施策を通じての商談や課題ヒヤリング実施、施策抜きで話ができる関係の4段階で関係性を決め、白・青・黄・赤などに色分けして塗り、塗り替えていく。できれば塗り替えていく行動過程も記録として残したい。

次に「意思決定フロー図」をつくる。定番売場づくりと販売促進の2種だ。売場で展開される時点から逆算して、どのくらい前に、どこで、どの数字を基準として、どこまで決まっていくか、その流れを示した図である。得意先の調達部門や販促部門を歩いて、いつ、どんな計画を立て、どういう書面で発信しているか。店舗を歩いて、いつ、どんな指示書がきて、それをどう見ているかを聞いていくことでき上がる。

組織図深度バロメーターも意思決定フロー図も、すべての担当営業が描く。代々の担当営業によって更新され続ける仕組みにすることが理想だが、現実にはなかなか難しい。我々の知る限りでは組織図深度バロメーターを組織として作り、更新し続けた会社はない。意思決定フロー図を営業全員が作成し更新しつづけたのは菓子メーカー1社だけだ。ただ間違いなく言えることは、これらを作っていた営業担当者はみんな高い実績を上げていた。

②得意先プロファイル

「得意先プロファイル」を作り、更新していくのもひとつの方法だろう。たとえば、次のような内容を整理する。

・得意先の実績推移
・自社の実績推移
・得意先の基本方針、中長期計画、年度方針
・組織図
・キーマンの経歴、クセ・考え方、課題認識
・得意先のMDや運営方法の特徴
・自社の営業手法（4つの営業手法）
・競合他社やその他の得意先関与者の動向
・定番と販促の意思決定フロー

このシートを埋めるだけで得意先理解が進む。これも仕組みとして作成し、更新しつづけることが理想だ。ある食品メーカーはそれがきちんとできていた。

③得意先の課題の発見と合意

実績が伸びない。その理由を探ると特定の商品の売上高が低い、品揃え登録が少ない、販促エントリーが少ない、売れるときに売っていない、接触量が少ない、このキーマンに会えていないなどが分ってくる。自社の課題は「なぜ、なぜ、なぜ」と議論することで分かってくる。競合他社の動向もある程度把握できている。

しかし、それを解決するための糸口は議論してもなかなか見つからない。4つの営業手法をどう組み合わせて行くべきか判断がつかない。得意先の方針、考え方、問題意識、売場や販促の事実、強みと弱み、お客さまの声といった得意先の課題が十分に見えてこない限りわからないのだ。だから、得意先の課題を発見・合意するというステップが重要になる。

課題は、得意先が認識している既知の課題と、得意先がまだ認識していない未知の課題に分かれる。

課題とは、機会や問題を含んだ意思や事実のことである。お客さま接点の課題は3つの場所にある。第1に本部にある。方針、政策・施策、キーマンの課題認識である。第2に店舗にある。本部施策とのズレ、お客さま・市場実態とのズレ、店の声などである。第3にお客さまにある。お客さまの声、行動実態、トレンドである。

④キーマン課題ヒヤリング

得意先の課題を知る起点は、キーマン課題ヒヤリングである。まずは、得意先のキーマンの意識の中にある課題を知ることだ。

キーマンとはいつも話せているバイヤーも含まれるが、その課題認識は普段の商談で聞けているはずなので、できればその他の意思決定に関わる者がいい。調達部門長、トップ、販促の責任者、店舗運営のキーマンなどだ。キーマンの課題とは環境変化の認識、自社の強みや弱みの意識、自社の方針・政策や自分が特に思う問題意識と方針、売場や販促の事実認識、学んでいる他社のやり方、製造業や卸売業への不満や期待などキーマンの意識・意思として存在している事柄すべてだ。

基本的に次の3項目を聞く。

●会社の方針

基本方針、中長期方針、年度方針である。新聞・雑誌などで発表されている場合が多い。業者会でも説明されているだろう。

●担当部門の方針

ヒヤリング対象者が担当する部門の方針である。商品部であればMD方針、販促部であれば販促方針、店舗運営であればオペレーション方針ということになる。これらの方針に乗るかたちでの取り組みが有効だ。

●**自分が特に課題と思っていること**

キーマンが特にやろうとしていることを明らかにする。もっとも導入しやすい提案につながる。

時間があれば次の2項目も聞きたい。

●**市場の機会・脅威**

環境変化のどこをチャンスと捉え、何を脅威と感じているかである。方針や課題と思っていることにあまり提案チャンスが見いだせなくても、ここで切り口を見つけることもできる。

●**自社の強み・弱み**

何を強みと信じ、何を弱点と判断しているかである。得意先の強みをもっと強くする、弱みを改善して強くするという提案の根拠となる。

これらの質問は、得意先のSWOT（強み・弱み、機会・脅威）の整理でもある。

次のような質問も加えられればもっといい。

●**参考にしている他社**

品揃えや売場づくりの参考にしている店、競争相手としてチェックしている店、価格を見ている店などが出てくる。挙がった店の情報を提供したり、比較して課題提示したりすることができる。

●弊社に求めること

自社にもとめることがわかる。商品や広告、工夫した販促策や価格政策であったりする。

●最近印象に残っている他社の提案

この質問で、競合の動向や好まれる施策を知ることができる。

得意先の複数のキーマンにヒヤリングすることで自社の実績を上げるためには何をすればいいか、どういう説得をしていけばいいかが見えてくる。４つの営業手法のうちのどれが有効か、何が効果がなさそうかがわかってくる。

このキーマン課題ヒヤリングを営業の仕組みとして取り入れている会社は多い。得意先では12月あたりの次年度計画が決まる頃から４月の新年度計画の発表が終わる頃の間に、営業マンがきちんと申し込んで聞きに行く形が一般的だ。

会社によっては監査とか評価を意味する得意先オーディットをこの時期に実施して、自社への評価とともに方針・課題を聞くことを毎年の恒例にしている。

⑤未知の課題の合意

キーマン課題ヒヤリングをしても、こちらにとって都合のよい課題が挙がってくるとは限らない。得意先のホームページに出ているような大まかなことだけで具体的なことは何も言ってくれない場合もある。対応がむずかしい価格やコストの話が多くを占めてしまうときもある。

そこで、得意先がまだきちんと認識していない未知の課題を示すものを持参して見せて、課題として合意をとるというアクションが重要になる。

できることならキーマン課題ヒヤリングは単に聞くだけでなく、そんな未知の課題を示す材料を出して、こちらにとって都合のよい課題の合意をとる場にもしたい。もちろんキーマン課題ヒヤリングとは別の機会に、未知の課題を合意する場面をつくってもよい。

ヒヤリングをしてキーマンの口から出てきたものを純粋想起の課題、未知の課題を示す何らかの材料を示して合意を得たものを助成想起の課題ということもできる。

未知の課題を探す代表的な方法を挙げておく。

●課題の具体化（課題ツリー、４Ｃ分析、ＳＷＯＴ）

課題の具体化とは、課題をほぐして整理し、何に取り組むか合意する手段のことだ。たとえば、利益確保、売上高を上げる、客単価を上げるなど得意先が直面している問題が分かっているならば、それをほぐすとどんな課題が挙げられるかをツリー図として示す。それに対して自社がお役にたてることも併せて表記する。前に紹介した４Ｃ分析やＳＷＯＴ分析にして出してもよい。

●自社販売実績からの課題発見

自社の販売データでも得意先と他社や平均と比較すればものは言える。たとえば横に地域の各得意先をカテゴリー全体の販売高順に並べ、縦に自社商品を並べてクロスした部分にシェアかまたは販売順位を入れていけば、得意先はどの商品で機会損失しているか示すことができる。

●得意先販売データからの課題発見

得意先の販売データ、小売業の場合はＰＯＳデータだが、それが入手できれば市場平均データを購入していればそれと比較すればよいし、競合他社の販売データも保持しているのならそれを加工して比較することもできる。品揃え、販売ランキング、販売推移などを比較することで課題が明白になり、改善提案ができる。平均データと比較しなくてもＡＢＣ分析をして、露出を上げる商品やカットすべき商品を提示してもよい。

●商圏分析からの課題発見

商圏分析ソフトを導入しているのなら、得意先の対象店舗についての商圏特性を示し、品揃えや売場づくりの基本的課題を提示したり、その店のカテゴリー別ＳＫＵやスペースどりを調べて商圏特性とのギャップを指摘してもよい。得意先全店を商圏タイプで分類してタイプごとの品揃え・売場づくり方向を提示したり、手間がかかるが全店の品揃えやスペースどりを調べて商圏特性とのズレを判定していってもよい。

●ストコンからの課題発見

ストコンとはストア・コンパリゾンの略で、ストア（店）をコンパリゾン（比較する）の意味だ。得意先の対象店舗と競合店や参考にしている他社モデル店について、カテゴリー別の尺数やＳＫＵ数、売場づくりの仕方などを調べて比較して課題を示す。

●客動線調査・売場観察からの課題発見

客動線調査とは売場別にお客さまの通過、立寄、購入の実態を測定する調査である。お客さま追尾調査になる。売場ごとの性別・年齢別・時間別の通過率、立寄率、購入率が明らかになり、売場別の強み・弱みが見えてくる。ある売場に立寄った人はどの売場に立寄っているかもわかる。

●チラシ分析からの課題発見

得意先のチラシを、市場販売指数や競合他社のチラシと比較すると得意先の課題がみえてくる。カレンダーにして示す。商品の販売指数が高いときにチラシ特売がかかっているか、そのときの生活シーンに合った商品・売り方か、競合と比べてどの商品の掲載が少ないか、価格はどうか、タイミングは適正かなどがわかる。

●店の声からの課題発見

お客さまと接している店には必ず本部への意見、お客さまへの見解、品揃えや売場づくりについての問題意識がある。それをヒヤリングする。その声を背景とした提案は、本部への強い説得になる。このような課題提示を店の声（Voice of Store）の略「ＶＯＳ」と呼んだりもする。

●お客さまの声からの課題発見

お客さまの店への評価やその購買行動を調べ、その事実を背景として提案する。最も説得力のある未知の課題提示である。このようなアクションをお客さまの声（Voice of Customer）の略で「ＶＯＣ」と呼んだりもする。代表的な方法はＷｅｂ消費者調査、出口アンケート調査、客動線調査などだ。カテゴリー別に利用実態やその理由をとったり、モノ以外のサービス面の評価もとったりする。Ｗｅｂ調査レポートを営業の仕組みとして組み込んでいるメーカーもある。

未知の課題への対応は、窓口担当者やその上司と合意しなくてはならない。

近年、小売業では販売データ（ＰＯＳデータ）の公開が進み、そのデータやほかの調査結果も組み合わせて課題を抽出して取り組みを検討する場が増えた。それも合意の場のひとつだ。

課題の合意は取り組みの入り口だ。そこをきちんと通過しないとその取り組みはプレゼンの場で否定されるか、進んだとしても途中で止まるか、目標とする実績には到達できない。

（2）戦略の構築

①win-win戦略

自社の課題だけでなく得意先の課題も分かり、どんな戦略でいくか、4つの営業手法のどれでいくか、どんな取り組みテーマを提案していくかが見えたら、得意先営業戦略をつくる。それは自社と得意先の双方にメリットがあるwin-winでなければならない。自社の都合だけの戦略だと、目標とする位置に到達することはできない。

これらを1枚のシートにまとめる。エッセンスが網羅されていればいい。関連資料は別途付ければよい。何枚もあると作る者だけでなく見る者にとっても負担が大きい。「考える営業」は、誰でも見ればすぐわかることが原則だ。

第1に、得意先の課題を整理する。全体方針とキーマンの課題、SWOT分析から構成される。SWOT分析はキーマン課題ヒヤリングで聞いたことと自分の分析を併せたものになる。

得意先理解がすすんでいればここの内容は豊富になる。自社カテゴリーに留まらず得意先全体も論じる。理解が浅ければ空きスペースが目立つことになる。自社カテゴリーに関することだけで留まる。

第2に、自社の課題を整理する。自社の強み・弱み、ありたい姿と現状のギャップである。自社の強み・弱みは4つの営業手法の視点で整理する。人脈づくり、組織的アプローチ、非価格による課題解決などだ。競合の営業と比較しながら評価する。

ありたい姿と現状のギャップは、中長期で目指す売上・シェアや関係性の目標、それに対する現状のギャップ状況、ギャップが生じている理由を示す。もっとも差が出やすいのはギャップが生じている理由の見解だ。前向きの営業マンは必ず自分の動き方にその理由を落とす。前向きでない人は自社の政策や商品、得意先や競合のせいにして終わる。自分の話に戻さなければ前に進まない。

第3に、整理した得意先の課題と自社の課題の両方を受け止めて取り組み課題を設定する。併せてその取り組み課題を進めることで到達したい売上・シェアなどの実績数値目標と行動や関係性などの定性的目標を決める。

取り組み課題は得意先の課題と自社の課題からよく考えて、その得意先ならではのものを設定する。取り組み課題は最大4つまでとする。ただ、途中で人脈づくり、組織的アプローチ、非価格の課題解決、価格の課題解決という4つの営業手法の視点で見直し、修正や付加をする。

ここでも問題が起こりやすい。なぜかせっかく整理した得意先の課題はまったく反映されず、

「売上やシェアを上げる」「どのブランドを伸ばす」という自己都合の取り組み課題しか設定しない人が多い。そこに到達するための取り組み課題を整理する場なのに与えられたノルマだけが前面に出てしまい、考える営業になっていない。

対象期間は作成タイミングが期初であれば本年度、期中や期末であれば次年度末までが一般的だ。あらためて中長期3か年の取り組み課題・目標を設定して、そこにいくまでの年度ごとの取り組み課題・目標を決めておくのもよい。

②アクションプラン

ｗｉｎ‐ｗｉｎ戦略ができたら、そのアクションプランをつくる。これも原則1枚だ。アクションプランはｗｉｎ‐ｗｉｎ戦略の工程表である。これがなくては戦略とは言えない。戦略は実行されなければ何の意味もない。

ｗｉｎ‐ｗｉｎ戦略で決めた取り組み課題を再掲し、その取り組み課題を進めるためのキーアクションを整理する。それを月別の行動計画に落とす。最低3か月先、できれば6か月先までの具体的な行動計画がほしい。地区長、マネージャー、担当営業、スタッフに分けて行動計画を立てる。3か月もしくは6か月ごとに到達目標を設定してもいい。

立てた行動計画に対して毎月、行動実績を入れていく。実行したかどうか、どんな結果になったか、何が課題として残ったかを明記していく。

行動計画には原則がある。

第1に、5W1Hだ。いつ、どこで、だれが、なにを、どのようにするかを描く。期日と固有名詞に満ちた計画にする。計画は具体的にすればするほど修正することになるが、具体的にしないと実行されずに終わる。

第2に、PDCである。「計画」「展開」「検証」のアクションを入れる。提案だけの行動計画、やりっぱなしで検証のない施策がいかに多いことか。

第3に、実行である。立てた計画は必ず実行する。何もしなければ前に進まない。失敗してもいい。どんな反応であってもそれは次のアクションの糧となる。それだけ得意先の理解が深まる。

第4に、更新である。行動計画は更新するものである。商環境が変化する。得意先の方針や体制が変わる。自分が学習する。体制が変わる。われわれは変化の中で考え続ける。計画は修正されて当然である。

③ダイヤモンド・フォーメーション

アクションプランは地区長、マネージャー、担当営業、スタッフ別に立てるが、その前に各メンバーの役割を決めておかなくてはならない。これがダイヤモンド・フォーメーションである。もちろん、戦略によってはダイヤモンド型とはいえない、担当営業主体の行動計画もあるだろう。コストリーダーシップ方針の企業、ドラッグストア、ディスカウントストアへの営業はそういう行動計画になる可能性が高い。それでも地区レベルのダイヤモンド型営業を基本として、それぞれの階層ができることを決めて動く。前にも触れたように、お客さま接点からの要請は大きくなる一方で担当営業で決められることは限られている。個人ではなくチームの力で戦わなくてはならない。

地区長は得意先トップの理解（課題把握）、影響者人脈づくり（得意先に影響力をもつメーカー、生産者、メディア、行政、有力団体など）、モノの取引ではない施策提案リード（リサーチ、CSR施策など）、社内の本社との折衝などを行う。

マネージャーは得意先部門長の理解（課題把握）、影響者人脈づくり（得意先に影響力をもつメーカー、生産者、卸など）、得意先人脈づくりリードによるダイヤモンド型営業への進化（窓口担当者とのバタフライ営業から地区レベル・会社レベルのダイヤモンド型営業へ転換）、社内の本社・開発・生産との折衝などを行う。

担当営業は担当バイヤーの深い理解、得意先人脈づくり、得意先戦略構築・展開リード、商談PDC（計画・実行・検証）などを行う。

個店担当は店舗理解、本部決定事項の売場実現などを行う。

各キーマンの理解や影響者人脈づくりといった人脈づくり営業については目標を掲げた方がよい。たとえば地区長は得意先トップに年2回、マネージャーは部門長に月1回、担当営業はバイヤーに週1回、会って商談や課題ヒヤリングをする。地区長とマネージャーは得意先影響者と面識をもち1年で影響者人脈図を作り上げる。担当営業とマネージャーは得意先人脈づくりを進め、1年で組織図深度バロメーターを赤く染めるという具合に行う。

(3) 戦略の展開

①取り組み会議(戦略合意)

戦略が構築できたらその展開に移る。ここで重要なのは、得意先との合意だ。win-win戦略シートをそのまま見せて合意するのではなく、得意先向けの取り組みプレゼンシートにして提案する。その場を「取り組み会議」と呼ぶ。

年2回実施するのが一般的だ。新しい期が始まる前に新年度の取り組みとして提案し、中倒れにならないように期央の夏頃にもう一度、上期の振り返りと下期の提案として実施する。

会場は自社内が理想だ。得意先で実施すると中座が多くなり、腰を据えた話がしにくくなる。

この場を来社商談とか呼込み商談と呼ぶ会社もある。工場見学を兼ねて自社工場で実施する場合もある。

時間は2時間から4時間。話し合う内容によって違ってくる。続けて懇親会ができるように午後に設定する。

出席者は自社からは地区レベルのダイヤモンド型営業が基本で、地区長、マネージャー、担当営業、スタッフが参加する。得意先もトップか商品部長クラス、部門長、担当バイヤーに出てもらう。

これが基本形だが、すべての得意先がそういう形でできるわけではない。4つの営業手法の組み合わせ方で触れた4つのゾーン（156P参照）でいうと、「コストリーダーシップ」方針の得意先、ドラッグストア、ディスカウントストア、「差別化」方針でも「低シェア」実績の得意先は、自社は担当営業とマネージャー、得意先は担当バイヤーという組み合わせで、得意先社内で実施する場合も多い。取り組み会議とは言い難いが、これも取り組み会議の初期段階として位置付ける。いずれはフルメンバーで実施することをめざし、関係を深めていく。

取り組み会議の進め方はたとえば次のようになる。

i　マネージャーによる司会進行

ii 地区長の挨拶と提案の主旨の説明

iii 担当営業による取り組みプレゼンシートの説明

・市場変化と弊社の基本方針・商品計画

・前期実績の振返り

・得意先のご方針・課題と今期取り組みテーマ

・取り組みテーマ別の具体的方策

・展開スケジュール

・目標数値と契約

iv 試用試食試飲と意見交換

v 得意先の挨拶

あくまでフルメンバーで実施する取り組み会議の場合だ。コストリーダーシップ方針の得意先に得意先社内でプレゼンする場合は、ここまで本格的にはできない。このような取り組み会議ができる関係になることをめざす。

②取り組みテーマ

取り組み会議で提案する取り組みテーマは、キーマン課題ヒヤリングで得られた課題や未知の課題を提示して得られた課題合意に基づけばよい。

③売場実現

戦略の合意と並んで大事なのが売場実現である。

売場はまさにお客さま接点である。営業の目的である「価値を実現する」「お客さまに価値を届ける」その舞台である。それまでのすべての活動はその準備にしかすぎない。

人口も売上も増えていたころは低いレベルの売場実現率であっても、それほど問題にならなかった。商談の目的は本部と計画を合意することであり、商談の相手は調達窓口だけであり、商談の内容は定番登録と販促合意であり、チェーンオペレーションはフィールド体制による店舗への本部決定事項の連絡フォローであった。メーカー・卸売業からいえばお客さま接点を利用する営業、つまり本部商談営業だった。

市場が伸びなくなり競争ばかりが進展してくると、売場は大きな機会損失が発生する場所としてもっとも重要な課題となっていった。以前は売場に従業員がたくさんいたが利益が出にくい環境となり、最小限の従業員で運営するようになったことで売場実現率はますます低くなっていった。

商談の目的は店舗であるべき売場を実現することに変わった。商談の相手は調達窓口だけでなく売場実現にかかわる販促部、店舗運営部、店舗にも広がった。商談の内容は定番登録と販促合意にとどまらず、その売場実現のために計画・展開・検証のPDCサイクルをまわすことが重要になった。あわせてロスのない、店がまわせる、定番と販促の計画の共同作成も必要になってきた。

売場実現に直接かかわるチェーンオペレーションに関するアクションは飛躍的に増えた。部門会議や店長会議での説明、SVや店舗運営部への説得、個店営業体制を活用してのリアルタイムの売場検証システムの稼働、本部と店舗間の意思決定フローやオペレーションルールの改善取り組み、店舗営業体制による売場実現、店舗格差の是正取り組み、店舗営業のモチベーションアップなどである。

一言でいうとお客さま接点を利用する営業、つまり本部商談営業からお客さま接点を実現する営業、つまり売場実現営業に転換したのである。

④売場実現率から売場実現状態へ

機会損失への取り組みは、100店あれば100店で売場実現するという「売場実現率」の改善で留まらなかった。100店の売場実現状態を問題にするようになったのである。

１００店で実現できたといっても、それは意図したとおりお客さまの目につく場所への露出だったのか、計画した商品すべてが露出されたのか、目立つ露出の仕方だったのか、価値を伝えるＰＯＰはお客さまの目にはいるように掲出されたのかと実現の状態を見ていくと、店舗によって大きな違いがあるからだ。１００店あれば１００店すべてであるべき状態で露出する。それが目標となった。

この「売場実現率」から「売場実現状態」へという考え方はキリンビールが取り入れているものだ。売場実現状態を追求するには、大きな店舗営業体制をもつ会社はそのモチベーションアップが重要になる。店舗営業会議に定期的かつ多頻度に参加して施策を説明し、思いを伝える。個店担当からの連絡に徹底してクイックレスポンスする。「いいね」をこまめに返していく。店舗別の定番売場の配荷露出状態や販促の実現状態と販売実績、さらにはシェアまでもすべてオープンにしていく。

大きな店舗営業体制を持たない会社は、持たないゆえ総合的に得意先のチェーンオペレーションへの参加、自社の店舗営業体制の改善、施策レビューの工夫という３つの要素に取り組む。たとえば食品メーカーの営業は次のような工夫をしている。

●得意先のチェーンオペレーション参加

・担当バイヤーに120%伝える（強く、具体的に伝える）
・担当バイヤーだけでなく関連部門、販促にも説明する
・展開指示書に関与する。店がみてわかりやすい展開指示書に変える
・モデル店で先行展開してそれをモデルとした展開指示書をつくる
・部門会議、店長会議に出て説明する
・スーパーバイザーに説明する
・勉強会を事前に実施して施策を説明してから展開する
・店舗営業体制による売場づくり支援をする
・実施施策は店舗に事前に根回しする。担当者の実施意向をヒヤリングしてからそれを反映させた展開にする
・販売コンクールを演出など販売数値以外でも審査する
・力のあるキーマンを説得して号令してもらう
・過去の店舗別販売実績から作った商品送り込み配分荷表を作成して提供する
・過去の店舗別販売実績から作った店舗別目標値表を作って配付する
・チラシに載せる

・商品・販促物が着くタイミングに全店の売場担当者に電話する
・各店の担当者個人名宛てで手書きの送り状をつくって販促物などを送る
・販促物は得意先のセンター便に乗せて送る
・普段から店の人と面識を持ち仲良くなる
・店長や売場担当者に商品サンプルを送る
・店舗の売場担当者の負担を軽減した施策にする
・店舗営業も参加した本部商談を進める

●自社の店舗営業体制の改善

・5W1Hレベルのスケジュール表をつくり共有する
・店舗営業体制を拡充する
・個店担当への指示を改善する（ワンペーパー指示書にする、売場のビジュアルを入れる、施策のポイントを明示する、トラブル対処法を付ける、売場づくり方法を詳細に説明する）
・個店担当への指示書に得意先の展開指示書を添付する
・個店担当の目標を具体的に設定する（店舗別の訪問数、販売金額など）
・個店担当からの問い合わせや報告にクイックレスポンスする
・個店担当の日報に対して「いいね」をこまめに入れる

・自分自身でも店舗をまわり理解を深めておく
・時折マネキンも入れる
・個店担当の販売コンクールを入れる
・店舗向けの販促物・ＰＯＰを作って個店担当に提案してもらう
・施策展開時に個店担当に各店の売場実現状態を撮影してもらい送ってもらう。それと店舗別の販売実績と照らして具体的な売場実現の報告書を作成する

●施策レビューの工夫

・店舗画像検証システムを活用する。個店担当が各店の売場実現状態を撮影し、それと店舗別の販売実績と照らして具体的な売場実現の報告書を作成する
・他社の売場実現率や売場実現状態と比較して課題を示す
・施策の販売実績を販売初日以降２日や３日後と日別に示し、欠品、発注の問題点を指摘する
・実施後即ＰＯＳデータを見て、実施していない店や販売の少ない店をフォロー訪問していく

（4）戦略の検証

①ギャップフィリングとは

戦略は展開しながら検証も進める。戦略は計画どおりには進まない。展開すれば必ず課題・目標との格差（ギャップ）が生じる。ギャップを埋めていかなくてはならない。だから、戦略を検証することをギャップフィリングともいう。フィリングとは「埋める」という意味だ。

ギャップフィリングを細かくいうと次のようになる。

・実績を確認し、
・取り組み課題や数値目標や行動目標（計画）との格差の所在を見つけ、
・その理由を明らかにして、
・その格差を埋めるためにすることを決める

数値報告ではない。得意先と合意した取り組みと得意先営業戦略について、それぞれのギャップフィリングを進める。

②得意先と合意した取り組みのギャップフィリング

得意先と合意した取り組みの大きな検証は、半期ごとの取り組み会議のときに実施する。小さな検証はそれぞれの施策ごとに実施していく。半期ごとの取り組み会議での検証は、設定した取り組み課題や行動目標に対しての到達度の確認と各施策ごとの検証になる。

施策ごとの検証は図24のようになる。おもな取り組み課題、施策別に示してある。

たとえば客単価増のクロスＭＤの場合、定量的検証として、

・対象商品の販売金額・数量の前週比較や未実施店比較、ＰＩ値
・関連商品の販売金額・数量の前週比較や未実施店比較、ＰＩ値
・売場実現率

などがある。

全体の数値だけでなくできれば店舗別の数値にほぐしておきたい。

定性的検証としては、

・店舗別の売場実現状態（展開写真と陳列位置・陳列量・ＰＯＰ掲出についての評価）
・店舗の評価（売場担当者の企画内容、展開指示方法、作業性、お客さまの反応などについての評価）

がある。店舗別の売場実現状態は店舗別の数値と照らして評価したい。

図24　検証方法の一例

課題		方法	定量目標　検証項目	定性目標　検証項目
需要創造（売上増）	客単価増	クロスMD	●対象商品の販売金額・数量の前週比較、未実施店比較、PI値 ●関連商品の販売金額・数量の前週比較、未実施店比較、PI値 ●売場実現率	●売場実現状態（写真・陳列位置・陳列量・POP掲出） ●店舗の評価（企画内容、展開指示方法、作業性、お客様の声など）
	客数増	特売、プレミアムキャンペーン	●対象商品の販売金額・数量の前月比較、前年同月比較 ●売場実現率	●売場実現状態（写真・陳列位置・陳列量・POP掲出） ●店舗の評価（企画内容、展開指示方法、作業性、お客様の声など）
ロス撲滅	定番ロス	棚割	●重点カテゴリー及び商品の販売金額・数量の前期間比、販売構成比、市場ギャップ ●カテゴリー全体売上の前期間比、市場ギャップ ●商品別売場実現率	●売場実現状態（写真・棚割・POP掲出） ●店舗の評価（とくに補充頻度、補充しやすさの変化）
	販促ロス	機会ロスタイミング販促	●対象商品の販売金額・数量の前年同期間比較、対象期間の市場ギャップ ●売場実現率	●売場実現状態（写真・陳列位置・陳列量・POP掲出） ●店舗の評価（とくに作業しやすさの変化）
人づくり		勉強会		●参加者の評価（項目別評価、次への期待）
お客様ファン化		以上の複数の方法	●来店客の段階評価（利用頻度、品揃え・売場づくり・販促・サービス・クリンリネス評価など）、前年調査結果比較	●来店客の評価（フリーアンサー）、前年調査結果比較

出典：二俣事務所

検証は、得意先の課題の最大の発見方法である。施策を展開してみると、たくさんの課題が見つかる。やりっぱなしにせず必ず検証報告をする。

③得意先営業戦略のギャップフィリング

得意先営業戦略のギャップフィリングは、毎月の営業会議時に実施する。既存の営業会議にその時間がないのであれば営業会議の内容を変える必要がある。毎月の検証が難しければ隔月か四半期に一度の頻度で実施していく。

設定している商品別の数値目標に対する実績、行動目標（行動計画）に対する行動実績、使用した企画書や展開写真も入れた具体的な施策のレビュー、達成度の判定とその実績になった理由、次の行動計画をわかりやすく報告し、マネージャーや仲間の助言を受ける。

アクションプランを説明したときに触れたが、立てた行動目標（行動計画）は必ず実行する。地区長、マネージャー、担当営業のメンバーごとに行動実績を報告する。その実績にいたった理由を示す。行動が遅れていたり、成果が思ったより早く出たり、得意先の体制や考え方が変化して以前立てた行動目標では合わなくなったら行動目標を変えていく。

④経験を会社の力にする

これらのギャップフィリングを通じてたくさんの検証が行われる。課題や目標に対する検証、得意先の課題に対応した施策ごとの検証、組み立てた4つの営業手法の検証、コストリーダーシップ方針得意先との取り組みの検証、差別化方針得意先との取り組みの検証、低シェア得意先との取り組みの検証、多次元接点との取り組みの検証、ノウハウが体系化されていないドラッグストアやディスカウントストアやコト願望接点や無店舗販売との取り組みの検証などだ。それらはすべてそれぞれの課題に対する最良の方法、つまり「ベストプラクティス」と呼ぶことができる。

そのすべての検証、ベストプラクティスを会社の全関係者にわかりやすく見せる努力をする。一目見て理解できるように写真でみせる、図表で示す。背景、目的、課題、目標、施策、展開、達成度、成功ポイントという具合にストーリーにして説明する。全体構造がわかるように体系化してチャート図であらわす。そうすることで、個人の経験は会社の力に変わる。

未体験市場、多次元接点の時代に会社を強くするにはそうするしかない。

第4章

サプライヤー営業の情報化対応

1. POSデータの有効活用

これからのサプライヤー営業では、営業支援システムが重要な役割を果たす。本章では、サプライヤー営業が情報を駆使して提案につなげていくための情報基盤整備についてまとめておこう。

ここ数年、POSデータの開示が進んでおり、我々の把握しているところだけでも総合スーパー・スーパーマーケットで89社（株式会社MDON調べ）ある。また、ドラッグストアでも31社がPOS開示をしている。メーカーにとって、POSデータは頼んで「いただく」ものから、取り組みの前提として「開示される」ものに変わってきたと思う。

しかも、それなりの費用を支払って買うものになった。しかし、サプライヤー（メーカー・卸）の状況を見てみると、多くの企業はほとんどアクセスがないか半期に1度位のアクセスであり、有効活用しているとはいえない。とりあえずPOS開示の仕組みに加入したが、時間もないしどのように活用していいかもわからないという姿が浮かぶ。そういった現状を踏まえて、POSデータといかに付き合い、どのように有効活用していけばよいのだろうか。

POS活用のポイントは以下の5つである

(1) 商品マスターの整備

最初に大切なことは商品マスターの整備である。小売業のPOSデータは、ほとんどの企業がJICFSレベルの大雑把な括りでしか分類していない。詳細な分析をするためには、カテゴリーのCDT（コンシューマー・デシジョン・ツリー）に基づくカテゴリー、サブカテゴリー、セグメント等のコードづけが必要である。またグレード、ターゲット、容量等の属性も必要である。POSデータを読み解く切り口が、カテゴリーであり属性である。それこそがサプライヤー独自の切り口と差別化の鍵であり、提案する意味がある。

(2) 市場データとの比較

小売業は市場データを持っていない。その企業のPOSだけでは相対評価ができない。自社のサブカテゴリー別の売上構成比にギャップがあるとか、意味も無く構成比が偏りトレンド商品を十分売り切っていない等の発見が市場データと比較することでできるようになる。

また、市場データのサブカテゴリー別52週の指数と自店の52週の指数を比較することによって仕掛けのタイミングやタイミングのずれ、つまりチャンスロスを発見できる。市場データと自社データをクロス分析することで、単品レベルの売れ行きのギャップも確認できる。自社では売れ行きCランク、市場ではAランクの商品があれば、それらの商品は課題商品で改善すれば売れ行きのアップに繋がる。自社のＰＯＳは当然、自社で扱っている商品の成績しか出ない。市場でAランクなのに扱われていない欠落商品の発見に市場データが必要である。

(3) 仮説と検証

仮説を持ち検証する手段として、ＰＯＳデータは有効である。よくＰＯＳは過去データでそんなものから商売のタネは発見できないという人がいる。一面では正しい意見だ。しかし、ＰＯＳを活用する方法としては仮説と検証の繰り返しという方法もある。例えば、ワインを料理別に陳列したら売上が１１０％伸びるのではないか、カレーの販売指数がベスト5に入る店舗に集中的に店全体でカレーフェアを仕掛けたら売上２００％、利益３００％取れるのではないかといった仮説を立てたとしよう。いずれも大雑把な仮説であるが、同時に品目別・関連商品別のＰＩ目標も立て、ＰＯＳデータで結果を検証することにより将来につながるナレッジを手に入れることができる。仮説検証の手段としてのＰＯＳデータは大変有効である。

図25は、ビール・発泡酒の52週指数グラフである。ゴールデンウイーク・お盆・正月のハレ

の日に価格の高いビールの販売指数は価格の安い発泡酒の指数を逆転する。このタイミングはどの小売も気づいており高価格帯の商品を仕掛けている。しかし、ゴールデンウイークの1ヵ月前の4月初旬やお盆の1ヵ月半後の時期にも指数が逆転する週がある。それぞれ花見であり秋祭りの時期である。このタイミングをいち早く発見し、何故か（仮説）を考え提案につなげ、実践し検証することでナレッジが蓄積されていくことになる。

（4）継続の重要性

以前、北関東のリージョナルチェーンと取り組みをしていた時、商品部担当役員が代わりDIY出身者になった。その役員が指示したのは、POSデータを見て毎週バイヤーが担当カテゴリーのベスト10・ワースト10を確認し、それを含めたカテゴリーの問題・課題をチーフバイヤーにレポートすることであった。それを受けてチーフバイヤーは商品部長に、商品部長は役員に、各々のレポートを書くのである。それを半年、1年と続けた。

このような訓練を行わないと仮説と検証の必要性を理解したり、異常値やチャンスを発見することはできない。POSデータを継続的に目的を持って見続けることが必要である。

図25　52週カテゴリー指数の例

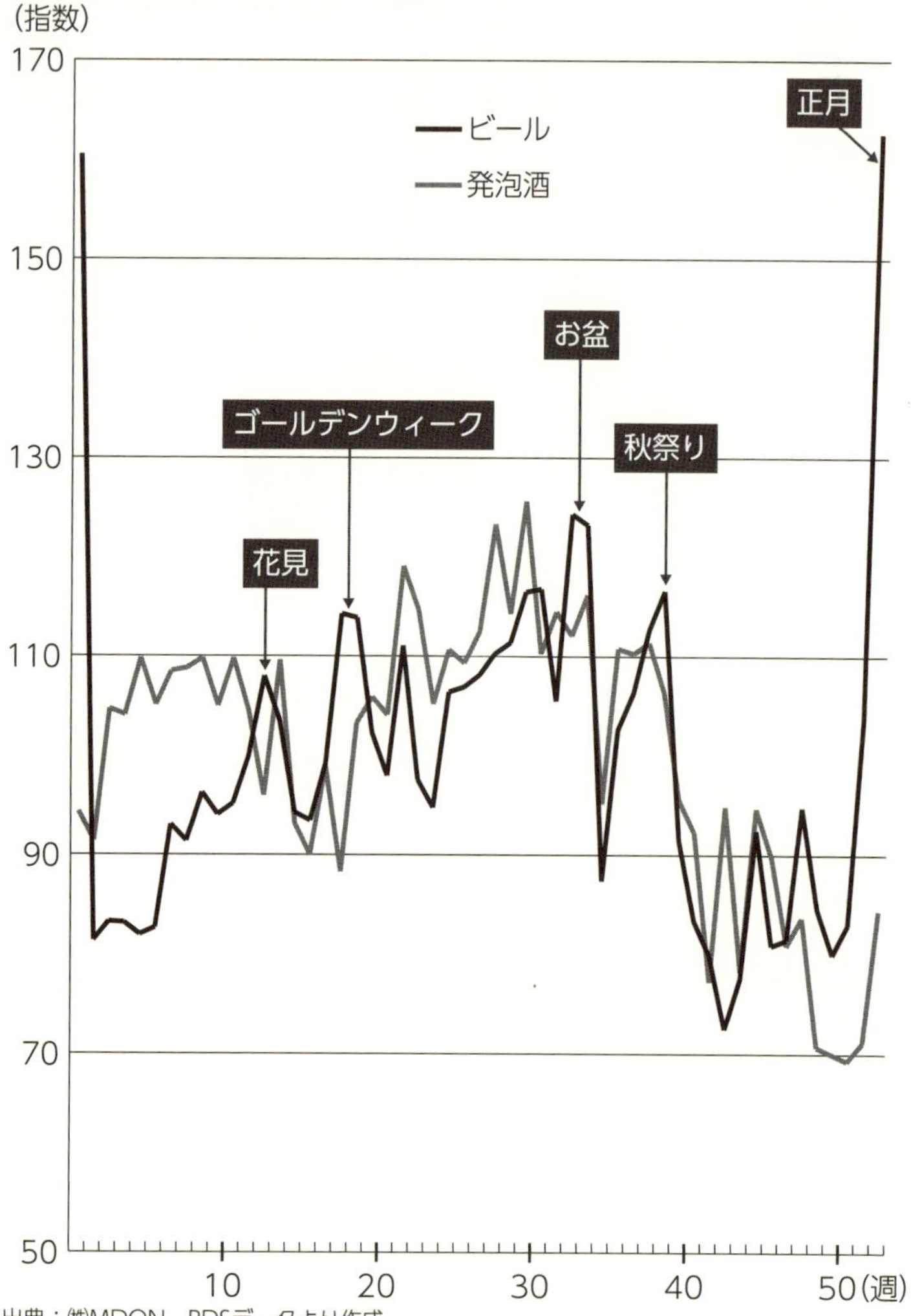

出典：㈱MDON　RDSデータより作成

（5）ツールの有効活用と集中化

ＰＯＳデータは日別・週別・月別・店別の膨大な量のデータである。エクセルやアクセスを駆使してＰＯＳ分析をするには知識と熟練が必要である。営業が日常業務として行うには無理がある。そのため営業にも簡単に操作できるツールの導入は不可欠だ。また、データもなかなか思うようにダウンロードできないのが現状である。営業任せの管理から、効率化のためにはセンター管理が必要である。作業は本社で集中的に実施し、現場ではツールを使って分析に特化する。そういう仕組みをいかに早期に構築するかがスタッフの課題だ。

データ開示企業の増加により、そのデータを集計すれば今販売されている市場データより圧倒的に精度の高い市場データの構築が可能になる。コンプライアンスの壁をクリアしなければならないが、自社内での支店管理・企業管理や商品のマーケティングデータとして、データの質および、即時性において大変有効である。そのためにも、本社での集中管理が必要である。

ＰＯＳ開示の拡大により、営業に求められる能力も変わってきている。営業の基本能力としてＰＯＳを自在に活用することが必須になってきている。ＰＯＳ活用の教育と訓練が、今後大きなテーマになってくるだろう。

2. ID-POSデータの有効活用

ID-POSが導入され始めて10年以上が経つが、小売業としてその情報を本気で分析し運用レベルで有効活用できている小売業はほんの数企業ではないかと思う。ほとんどの企業がFSP（フリークエント・ショッパーズ・プログラム）をポイント販促プログラムとしてしか活用できていないのが現状である。しかし、多額のコストをかけて導入したFSPの仕組みを活用したいという小売側のニーズは高く、メーカーや卸に研究会参加や提案要請は多い。そういった状況も踏まえて、メーカーがどのようにID-POSデータを活用していけばいいかについて整理してみよう。

まず、メーカーや卸がID-POSデータを有効活用する領域は、マーケティングと営業の2つに分けられる。

（1）マーケティングでの活用

ID-POSデータのマーケティングでの代表的な活用法は、新製品のトライアル率とリピ

図26　トライアル＆リピート分析表

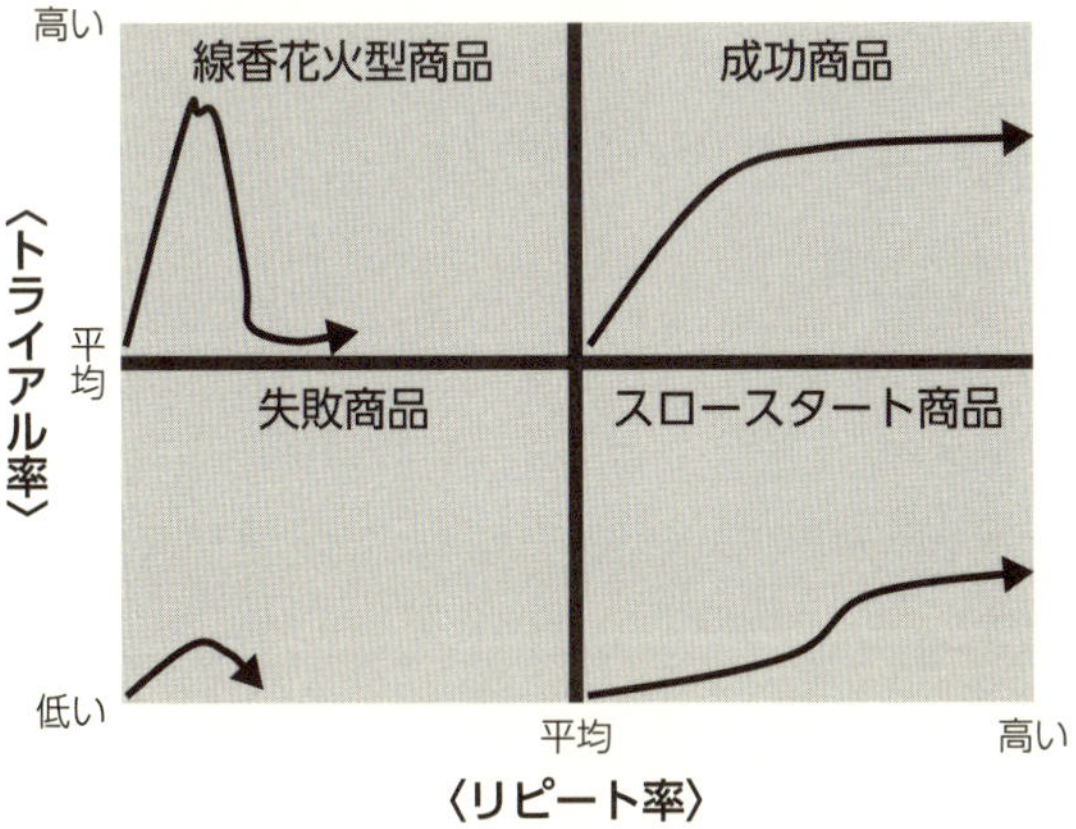

出典：㈱MDON

ート率の分析によりその商品が成功商品なのかすぐに消えていく商品なのかを知ることである。図26のように縦軸にトライアル率、横軸にリピート率をとり各象限に商品をプロットすることによって判断ができる。また、購入者分析により当初設定したコアターゲットが期待していた割合で購入したかどうか等の検証が可能である。

さらに、購入履歴の情報を分析することにより、どの商品を買っていた層が新商品にブランドスイッチして購入したか、既存商品のロイヤルユーザーがブランドスイッチしたかなどの状況を把握できる。

これらの情報は新商品のプランや商品設計の見直しの貴重な資料になる。

（2）営業での活用

ＩＤ-ＰＯＳデータの営業での活用はカテゴリーマネジメントへの応用である。各カテゴリーのデシル分析により、上位デシルの購入傾向分析から定番売場づくりや販促に活用できる。例えばスパイスカテゴリーの優良顧客は高品質の生鮮食品も購入しており、店の全カテゴリーにおける優良顧客であるといった分析が可能で、カテゴリーの役割・価値を判断・決定するのに有効である。販促企画においても、日替わり特売・エンド特売・スロット特売・均一カテゴリー割引セール等でどの顧客が反応したかが検証できる。販促が優良顧客の育成に役立っているか、またチェリーピッカーのために無駄に販促経費を使っていないかが分かるのだ。

棚割においてもＰＯＳのＡＢＣ分析に加えてリピート率を加味することによって、Ｃランクであってもリピート率が飛び抜けて高い商品はロイヤリティの高い商品であり、その商品を目当てに売場に来ていることがわかる。たとえＣランクでも絶対カットできない商品である等の判断になる。自社商品をリピート率も含めて分析することで、カットを免れる商品を発見し提案することができる。

また、各小売にとっての優良顧客囲込みへの貢献においても有効である。例えば、ワインの優良顧客が店全体の優良顧客であった場合、ワインメーカーとしてワイン優良顧客向けのイベント企画（料理教室・ヌーボー試飲会・5大シャトーきき酒会等）を提案し企業間取り組みの目玉にし、関係の構築とカテゴリー優良顧客との囲い込みを同時に行うことができる。

ＩＤ－ＰＯＳのデータを使ってデータマイニング（宝探し）をしても、ビールのケース販売と紙おむつは同時購入されている等のバラエティのクイズ的な発見しかない。大事なのは仮説（目標）をもって検証し、その検証を実施することである。目標達成しなかった理由を分析し次の企画にいかす。その検証のデータとしては誰が購入しているのか、どのような購入履歴を持っているのかが重要な情報を与えてくれる。

(3) 商圏分析情報

商圏分析情報は小売業の一番関心がある情報である。バイヤーより商品部長や経営者に響く提案が可能である。活用のポイントは、新店分析等の個店単位の商圏分析をサポートするよりも、全店の分析から店舗のセグメントの仮説を提案していくことである。提案カテゴリーのセグメント別の具体的な売場づくり、効果的販促企画支援まで落とし込むことが必要である。

商圏分析で得られる主な情報は、男女別・年代別の人口・世帯人数・年収・住居形態等のデータである。しかし、一番正確で詳細なデータは5年に1回全国で実施される国勢調査のデータである。あるパーソナル向け食品を販売しているメーカーが、男女別5歳刻みの商品の年間の消費量調査を実施した。そのデータを基に商圏の男女別5歳別の人口と掛け合わせて市場の需要を予測し、小売業への提案に活用していた事例がある。

エリアの需要における小売のシェアを出したり、需要予測に基づくカテゴリー別構成比の提案で活用できる。また、店舗を属性別にセグメントし、その店舗のPOSデータを集計して店舗属性別の傾向を分析することも可能である。

例えば単身若年が多く年収が300万円以下の世帯が多い店舗のPOSではどのようなカテゴリー・商品が売れるのか。また、シニアが多く年収が1000万円以上の世帯が多い店舗のPOSとの違いはどこにあるのか等の分析が可能である。

3. その他データの有効活用

(1) 家計調査データ

総務省が毎月提供しているのが家計調査データ（ＪＩＣＦＳ分類）である。これは統計上の抽出方法に基づき選定された全国約９０００世帯の方々を対象として、家計の収入・支出、貯蓄・負債などを毎月調査している。ＪＡＮ連動はなくＪＩＣＦＳレベルの分析しかできないが、家計支出の全部の調査であり、食品以外の塾の費用、おこづかい等の情報もとることができる。また、該当のカテゴリーの1世帯当たりの支出が分かるため、その支出金額と世帯数の掛け算で当該エリアの市場規模の予測をすることが可能である。全国レベルでは日別の購入アイテムの調査があり、果実酒（ワイン）、ケーキ、牛肉が一番買われた日等を知ることもできる。

(2) テーブルインデックス

㈱ライフスケープマーケティングが提供するテーブルインデックス（ＴＩ値）では、食卓に出現したメニュー及び使用食材の使用量等がわかる。例えば、土用の丑の日のうなぎは調査家庭のうちどれぐらいで食べられているか、その調理に使った食材・調味料の量も知ることができる。メニュー提案のタイミングを発見したり、クロスＭＤの食材選定等に活用できる。

（３）店頭情報データ

店頭情報データは各企業が集めた店頭写真・日報・報告書・マネキン報告等の情報である。多くの企業ではそれぞれの部署で別々に保管されていることが多く、十分に活用されていないのが現状かと思う。例えば個店のＰＯＳデータと店頭写真を連動してデータベース化することで、優秀店の実施事例のナレッジ化が可能である。

ＩＴの進化により大量のデータを安価で蓄え、高速で処理するシステムは開発された。しかし、その恩恵を受けている営業は少ないのが現状である。

そこで例えば、既に何千万円というお金で購入しているＰＯＳデータを有効活用する。データを各個人や事業所の管理から本社で一元管理し、営業部門と本社が各々簡単に使えるアプリケーションを開発し実際の商談やマーケティングで活用する。効果は大きいはずだ。

第5章

成功事例に学ぶ「非価格の課題解決」営業

事例1　ヤクルト本社
――ボランタリーチェーンとの共同プロモーション

量販店における乳酸菌飲料の旗艦商品である「ヤクルト5本パック」は量販店側からの要望により導入された経緯があり、量販店への正式な商品紹介および販促提案は平成に年号が変わってから本格的に活動がスタートした経緯がある。

したがって、大手メーカーを中心としたダイヤモンド型営業の要素を含んだ取引先との取り組みや販売をバックアップする体制および資金力は皆無の状況であったが、量販店との積極的な商談を行う後発メーカーとして、㈱ヤクルト本社だからできるダイヤモンド型営業を模索している。

ここでは、「相手先へのオペレーションサポート」「定番売場づくり」について、大手ボランタリーチェーンとの間で実施した2つの取り組み事例を紹介する。

（1）相手先へのオペレーションサポート

某大手ボランタリーチェーンとヤクルト本社との取引は年間3億円を超え、売上ボリュームが大きくなっている取引先の一つである。しかし、視点を変えて見ると1店当たり売上では地域のリージョナルチェーン以下の売上金額となっており、ヤクルト本社ではチェーンとの関係構築を踏まえて課題解決型の営業活動を実施している。しかし、ボランタリーチェーン本部との取り組みは、販売会社を有するヤクルト本社では実施しづらい状況であった。

そこで相手側の組織体制および商談におけるプロセスと商品採用のキーマンを各階層担当者にヒヤリングし、それぞれの役割を持っている階層の課題を確認した。そして、それに対応して行くことを社内で検討し、上部組織からの落とし込みを実施した。

各階層における商談の中で、ボランタリーチェーン本部ではバイヤーが選定した商品の配荷徹底力が弱く、スケールメリットが出ていない課題が浮かび上がってきた。チェーン地区本部としては加盟企業ごとの対応に任せるしかなく、統率することができないという課題があった。また、加盟企業によってはフルラインのバイイングを行っていたり、店舗担当者と兼務しているケースもあり、販促に手がまわっていなかった。店舗担当者においても陳列および発注作業のみであり、モチベーションがあがっていなかった。

ヤクルト本社では、これらの課題解決がボランタリーチェーンにおける自社商品配荷拡大からの売上増につながる最善の手段と考え、本社主導で自社組織をフル活用した取り組みを行うことにした。

まず、ボランタリーチェーンを各地区で捉え、地区単位での販売コンクール実施の許可をチェーン本部にて頂いた。

販売コンクールの実施内容は地区加盟社をまたいだ店舗対抗で、売上上位店舗を表彰するものであった。評価基準は直近2カ月間のヤクルト商品平均仕入れ金額を基準として、キャンペーン実施期間の伸張度合いで上位店舗ごとに表彰および賞金をプレゼントする企画とした。

次いで、地区本部にて各地区内での加盟各社対抗の販売コンクールを提案し、地区担当から快諾を得た。地区における加盟各社のバイヤーが集まる機会を利用し、ヤクルトとボランタリーチェーン共同開催での加盟各社対応の販売コンクール実施を提案し、各地区の主要チェーンを中心に参加の意思表明を得た。ボランタリーチェーンの加盟各社で共通しているのは、お客さま向けの価格訴求を中心にした販促がほとんど全てであり、インナーモチベーションを上げる施策は少ないということである。

その中で、ヤクルトの提案には加盟各社から前向きな反応があり、次のステップとして、提案内容についての加盟各社のバイヤーへの詳細の落とし込みと店舗担当者への連絡をヤクルトグループ内にて実施することになった。加盟社のバイヤーへはヤクルトの本部担当者ならびにヤクルト販売会社の本部担当者から施策内容を伝え、店舗で最大限の売上を確保するための商談を実施した。今回のポイントの一つである加盟各社のバイヤーとの販促打ち合わせは、普段商品紹介での接点がメインであったヤクルトの本部担当者にとってもさらに踏み込んだ商談活動のきっかけになった。一部のチェーンでは、他社からの提案も商品紹介のみであることから乳酸菌売場の提案依頼があった。また、ヤクルトの旗艦商品である「ヤクルト5本パック」と「ジョア」のみの品揃えだけの店舗が小型店を中心にとても多く、全国で登録がある商品については積極的に採用し、コンクールの売上に寄与することができた。

ヤクルト商品は年に数品の新商品のみで、この商品を継続して量販店の棚に配荷するなかで、ボランタリーチェーンでの発売当初の売上アップとあわせて配荷率のアップをすることが今回のコンクールの目的であった。その中で、世の中のPOS実績上位商品ベスト10に入っている商品の未扱いを含めて乳酸菌カテゴリーにおけるヤクルトの存在感を示すことができた。

実績面では、対象商品の出荷実績がコンクール未実施店も含めた取引先対前年比で110%となり、コンクール実施チェーンのみでは130%以上とすることができた。また、コンクールにて重点商品として設定した商品は、主力商品であるジョア類がボランタリーチェーン計で配荷率70%まで上昇し、ミルミルも65%まで上昇した。

大手ボランタリーチェーンは全国規模であり、今回の事例はお膝元の関東地区での取り組みであった。関東地区のコンクールにより全国計の実績を伸ばすことができ、今後は関東地区での好事例を他地区に水平展開すべくこのノウハウをとりまとめ、各支店での取り組みとすることが次の課題である。

(2) 定番売場づくりの事例

ヤクルトは乳酸菌飲料カテゴリーのリーダーメーカーでありながら、年間の新商品発売点数は数品のみのため、世に発売された自社商品の露出拡大だけに取り組んでいる状況である。近年、流通側からカテゴリーリーダーとしての役割を果たして欲しいという依頼や競合他社の乳酸菌カテゴリーへの参入もあり、乳酸菌カテゴリー全体を見ていく必要性が出てきた。そこで、乳酸菌カテゴリー全体を捉えるためお客さまへの調査を進め、お客さまの買い方に合わせた売場が流通側にとって売上最大化になることを目指すことにした。

調査内容は、乳酸菌飲料の多頻度ユーザーと低頻度ユーザーに大きくわけ、このカテゴリーにある商品をどのように見ているのか、また各商品をグルーピングするとどのように分類できるかの2点であった。低頻度ユーザーは容器形態（連物・パーソナル）でわけており、多頻度

図27　乳酸菌飲料ユーザーの調査結果

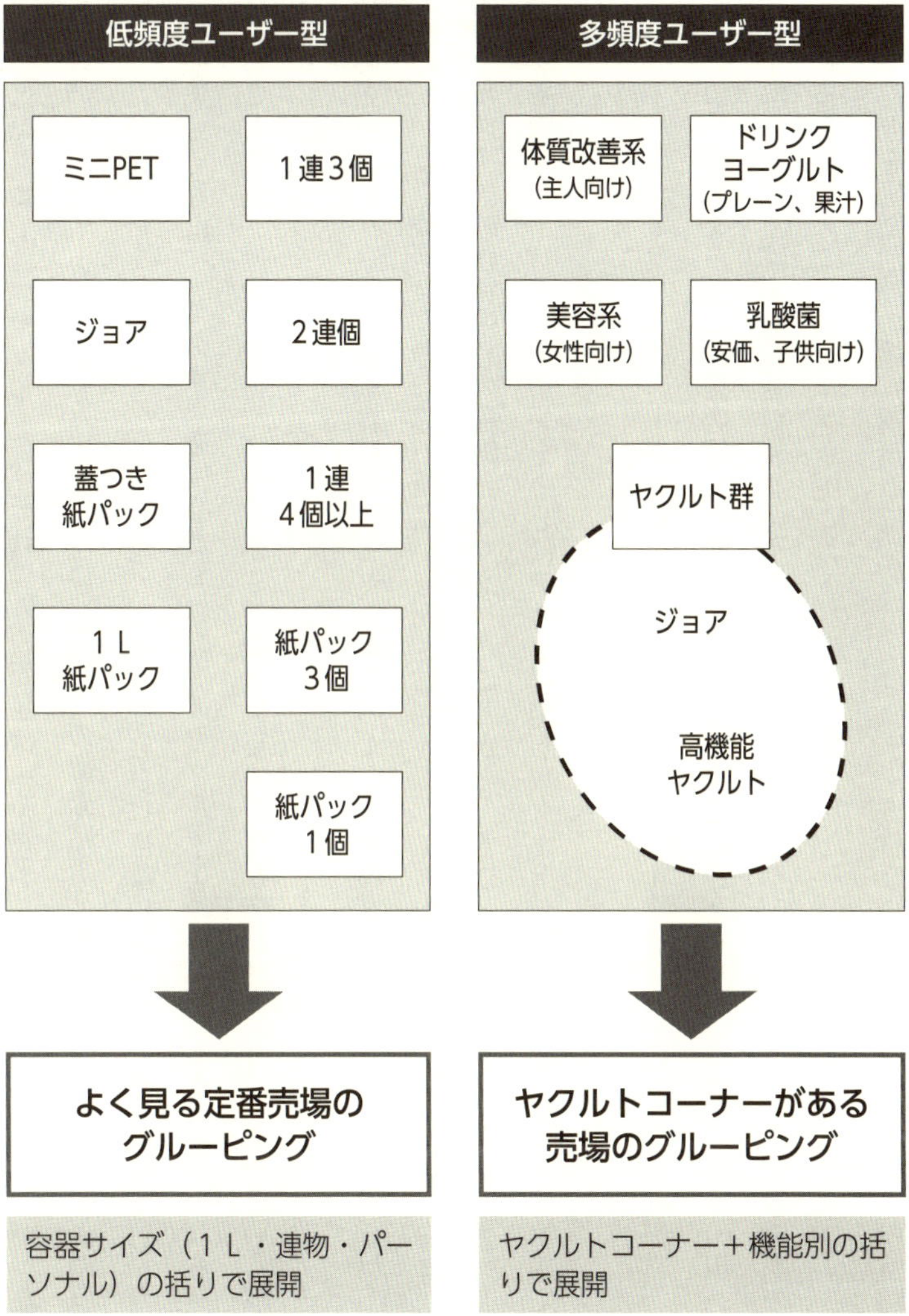
低頻度ユーザー型
ミニPET
1連3個
ジョア
2連個
蓋つき紙パック
1連4個以上
1L紙パック
紙パック3個
紙パック1個
よく見る定番売場のグルーピング
容器サイズ（1L・連物・パーソナル）の括りで展開
多頻度ユーザー型
体質改善系（主人向け）
ドリンクヨーグルト（プレーン、果汁）
美容系（女性向け）
乳酸菌（安価、子供向け）
ヤクルト群
ジョア
高機能ヤクルト
ヤクルトコーナーがある売場のグルーピング
ヤクルトコーナー＋機能別の括りで展開

ユーザーはヤクルトは「ヤクルト」、それ以外の商品は「美容系」や「体質改善系」といった用途や目的で分けていることが分かった（図27）。この調査結果をもとに多頻度ユーザーの視点に立った商談資料を作成し、量販店本部バイヤーならびに店舗担当者へ商談を進めて行った。

この売場づくりは、「ヤクルトを中心とした売場＝ヤクルト主体の売場」と受け取られる懸念があることから、量販店側のバイヤーから前向きの反応を得た店舗でのテスト販売という形でスタートした。

乳酸菌売場は1リットルの紙容器商品、ヤクルトのような連物タイプ、ジョアのようなパーソナルタイプまで様々な容器形態の商品が陳列されている。ヤクルトからの提案は連物およびパーソナルタイプの飲料中心の提案売場であったことから、各地区の大型スーパーマーケットチェーンや総合スーパーチェーンを中心にテスト展開がスタートし、徐々に成功事例ができてきた。

あるスーパーマーケットチェーンではテスト展開した店舗の乳酸菌カテゴリーの実績がアップし、その後新店ならびに改装店舗での陳列がスタートすることとなった。また、店舗の担当者から了解をもらえば売場変更可能というチェーンでは、ヤクルトの営業ならびに店舗巡回のフィールドスタッフによる売場づくりにより実績がアップしたという報告がある。社内ではこの売場づくりを店舗活動の重点施策と位置づけ、コーナー資材ならびに店舗担当者向けの訪問パンフレットと合わせて打ち出し、各地で展開している。

ヤクルトでは、この売場改善を通じて未配荷商品の導入やコーナー資材提供と売場づくりをセットで実施したことにより、店舗とのより強力な関係づくりが行われ、一定の成果が出てきている。改善店舗での成功事例を共有しながら活動を実施してきたが、その中で売場変更を提案できる人材が限られており、人材育成が必要である課題も浮き彫りになった。ヤクルトが店頭で目指すのはコーナー展開することではなく、その店舗に来店されるお客さまがヤクルトを含む乳酸菌飲料売場がどこにあるのかを認知でき、毎日1本でも飲んで頂くための売場づくりである。

事例からのヒント

□特定チェーンにおける販売コンクールは、そのチェーンにおける対象商品の配荷率向上をはかるための有効な施策となる。

□乳酸菌飲料は同じユーザーであっても、人によって飲用量や飲用頻度が大きく異なる。毎日欠かさず飲用するヘビーユーザーもいれば、ごくたまにしか飲用しないライトユーザーも存在する。このため、売上全体に占めるヘビーユーザーの貢献度は非常に大きくなる。

□このようなカテゴリーでは、貢献度の高いヘビーユーザーの視点で売場づくりを行うことが売場全体の生産性向上につながると考えられる。乳酸菌飲料の定番棚割りのグルーピングをヘビーユーザーのグループ化基準に合わせることで成果をあげたヤクルトの事例からも、上記のことの有効性を確認できる。

事例2　生活協同組合ユーコープ
――POSデータのナレッジ化を通じた流通効率化

小売業のPOS開示の目的はデータをオープン化し、サプライヤー（メーカー・卸）と協力しながら売場の活性化を実現することである。そして、小売とサプライヤーのwin-win関係を構築し、最終的には生活者へ価値提供することである。しかし、現実のPOS開示は小売業の一方的な要請による開示が多いのが現状である。そのため、サプライヤーの視点で組み立てられたPOS開示の仕組みが少ない。現状のPOS開示の問題点は大きく3つある。

①事前作業に膨大な時間がかかる
②データ加工作業に膨大な時間がかかる
③関連情報（商圏情報・チラシ情報・棚割情報・カタログ情報）等がない

これらの課題を解決したPOSの開示を実現しようと、㈱マーチャンダイジング・オン（以下MDON社）は生活協同組合ユーコープ（神奈川県、以下ユーコープ）のPOS開示をサポートするにあたり、ユーコープ側の意向を踏まえて、サプライヤーにとってフレンドリーなPOS開示を目指した。

①の課題を解決するために、各社ばらばらの開示形式を統一すべく開示データの標準化に取り組んだ。標準形式ではPOSデータだけでなく、企業の商品マスター・店舗マスター等が一括ダウンロードできる仕組みを実現した。その結果、ユーコープを含む38企業で我々が提案した標準形式でPOS開示が行われている。

②の課題については、***Planogrammer***（POS分析ソフト）の出力帳票の一部を参加企業に追加費用なしで提供することで改善した。

③の課題については、販促情報の定期的な提供を行った。また、***Map-Quick***（商圏分析ソフト）で分析した全店の商圏情報をWEB上で提供。さらに、全店の棚割情報をPTS形式（棚割の標準形式）で開示することで、主要な棚割ソフトに取り込み分析が可能になった。

さらに、カタログの紙面分析の支援情報の提供等も行っている。

以下にユーコープで実施されている小売とサプライヤーのwin-winを目指したPOS開示の事例を具体的に紹介する。

（1）開示データの標準化

ユーコープではPOS開示を2007年から開始した。現在の形のPosRingの開示は200

9年より実施しており、参加企業は150社にのぼる。運用については2ヶ月に1回のMD研究会があり、仮説の提案・実施・検証のPDCのサイクルを回している。期末には優秀事例の発表会を実施し、ユーコープ及びサプライヤーの「共育の場」を目指している。データ開示は店舗事業部だけでなく宅配事業部についても行っている。開示データは、店舗事業部ではPOSデータ・商品カテゴリー情報・店舗情報・販促情報・商圏情報・棚割情報を公開している。宅配事業部では、供給実績情報のほかに紙面分析情報を開示している。開示情報は多岐に渡っており単なるPOSデータだけの情報開示ではない。また先に述べたデータ開示の課題を大きく改善したモデルであるといえる。

ユーコープではさらに、提案の資料を作る作業に時間をかけるのは無駄であり、そういう時間はなるべく削減し分析や仮説を考えることに時間をとって欲しいと考えている。そのため、開示データの一括出力機能（MDON提唱標準形式：***Plano***形式）を装備することにした。

一括出力機能（***Plano***形式）では、日別POS・週別POS・月別POSのそれぞれの指定した種類及び指定期間のPOSデータとユーコープのカテゴリー情報・最新の店舗情報・入店客数情報が簡単な操作ですぐにダウンロードできる。ダウンロードしたデータは、***Planogrammer***（POS分析ソフト）ではソフトの立ち上げと同時にデータベースに取り込まれる。その他の分析ソフトでも形式が開示されているので、簡単なプログラムでデータを取り込む事が可能である。

ＰＯＳデータだけでなくユーコープのカテゴリー情報や店舗情報が一括で取り込まれるため、商品マスターのメンテナンスをすることなく、ユーコープ分類の分析が簡単に可能である。また、最新の店舗情報があるため、店舗マスターのメンテナンスすることなく店舗別の比較分析が可能になった。このように①の課題の作業部分を削減できるように考えた仕組みである。

（2）出力帳票の一部無料提供

現状、多くの小売業の行っているＰＯＳ開示ではＣＳＶ形式でデータをダウンロードし、各サプライヤーがエクセルやビジネスインテリジェンス（ＢＩ）ツールに取り込んで分析をしていると思う。ＩＴスキルの高いスタッフや営業には問題がないが、大多数の人は、データを帳票やグラフに加工するために膨大な時間を費やしている。その加工作業の低減のためPosRingでは*Plano-POS*（ＭＤＯＮ社ＰＯＳ分析ソフト）の一部の出力帳票やグラフが自動出力される機能がついており、データ加工に時間をかけることなくすぐに分析に進むことが可能である。

図のようなエクセルの分析帳票と分析グラフが自動出力される（図28）。

図28　カテゴリー別の売上実績比較（金額）

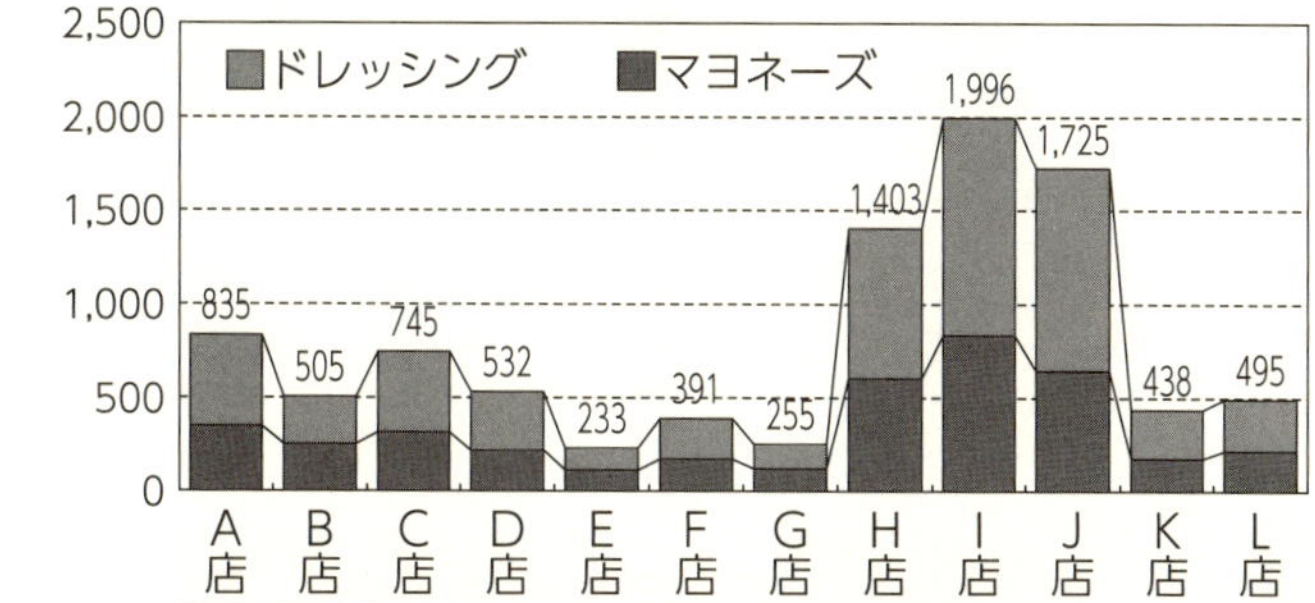

単位：千円	A店	B店	C店	D店	E店	F店	G店	H店	I店	J店	K店	L店	合計
マヨネーズ	350	255	318	220	111	171	120	604	836	645	174	215	4,019
ドレッシング	484	250	427	312	122	220	135	799	1,160	1,079	264	280	5,532
合計	835	505	745	532	233	391	255	1,403	1,996	1,725	438	495	9,551

出典：ユーコープPosRing

（3）各種情報の提供

POS情報は結果の情報である。なぜそうなったのかを知るには、その原因を探るための関連情報が必要である。PosRingでは仮説を導き、結果を検証するため以下のようなさまざまな関連情報を提供している。

①商圏情報

全店の1次・2次商圏情報を***Map-Quick***（MDON社ソフト）で分析し、エクセルで提供している。コアターゲットの設定、商圏の違いによる棚割パターンの仮説立案・注力カテゴリーの抽出等に活用できる情報である。

②棚割情報

全店のグロサリーの全棚割り情報及びフロアレイアウトを開示している。棚割りの開示は棚割りの標準形式（ＰＴＳ形式）で提供しており、***StoreManager***・棚パワー等ほとんどの棚割りソフトに取り込んで棚再現できる。加えて棚情報に合わせて定番と特売を分けたＰＯＳ情報をひも付けており、棚パターン別の定番売上分析による評価もできる仕組みである。

③販促情報

販促情報については指定期間のカテゴリーやアイテム別の企画情報が検索できる。そして検索したカテゴリー・アイテムの売り方（値引き・バンドル販売・割引きの3区分）や分かれた情報を取得できる。

④宅配情報（供給実績情報・紙面分析情報）

宅配事業部では供給実績を媒体ごとにカテゴリー別単品別に分析帳票の出力が可能である。紙面分析として、カタログの発行号別の時系列の比較分析や誌面上のＡＢＣ分析等掲載場所の効果や掲載コマ数別の効果分析等が行える帳票が出力できる。

⑤その他情報

提案に活用できるデータとして㈱ＭＤＯＮ社提供の市場データを活用したランキング分析やトレンド分析情報を提供している。また、過去のＭＤ研究会の報告資料やバイヤーが取り組んだ成功事例も情報提供されている。

小売業のデータ開示の目的が価値ある提案をもらうことだとするとユーコープの開示情報は他の企業のデータ開示を質量ともに圧倒している。データをいくら蓄積しても価値は生まない。データをいかに情報に変え、そしてナレッジに進化させるかが課題である。

小売とサプライヤーが協働してデータをナレッジ化し、成果を共有化するプロセスが取り組みである。実りある取り組みのためには、小売側の取り組みに対する姿勢（可能な限りの情報のオープン化）と効率的で使い勝手のいいシステムの提供が必要であると思う。

事例からのヒント

- □小売業とサプライヤーとの取り組みを実りあるものとするためには、サプライヤーによる提案の質を向上することが不可欠であり、そのためには小売業によるデータ開示の方法やシステムを、小売視点ではなくサプライヤー視点で組み立てることが有効となる。
- □上記のことを実現するためには、データ利用に伴ういろいろな作業負荷を軽減するような仕組み（例えば、必要なデータを一括してダウンロードできる）が必要となる。さらに、商圏情報や販促情報などの、ＰＯＳデータ以外の関連データをサプライヤーに提供することも有効となる。

事例3　カゴメ

――地域密着を目指したエリアマーケティングの実践

マーケティングへのアプローチは、エリア×顧客で4つの方法論が考えられるが、近年、多チャンネル化や小商圏化に伴う「購買接点の多様化」、SNSや生活動線からの情報収集などが進み、マス・マーケティングの限界が言われて久しい。一方で、ジャパン・シンドロームによる人口減少や少子高齢化に伴い、「地域経済の活性化」という問題は緊急かつ深刻な課題である。そこでカゴメ㈱は地域活性化のために地域密着を目指し、「行政」とのコラボレーションによる新しい「エリアマーケティング」の展開を実践した。

（1）取り組みの経緯

担当者が2011年4月に中国支店（広島）に赴任後、地域食材の活用によるメニュー開発と提案に向け広島県が力を入れている「食材」についてヒヤリングするため、県庁を訪れたことに始まる。広島県には、「牡蠣」「あきろまん（米）」「あかまる（じゃがいも）」「くわい」など多数の地産食材があるが、中でも「レモン」は生産日本一であり、県の農業施策上の重点品目であるということを聞いた。しかしながら当時、全国はおろか県民にもあまり知れ渡っていない状況であった。

その際、カゴメの営業が県庁の担当者からレモンをブランド化し、販売促進を図りたいという熱い思いを聞いたのである。

そこで県庁の担当者と「レモンプロジェクト」を結成し、生産地にも赴き、輸入レモンと国産レモンとの差別性や訴求点開発、メニュー開発に取り組んだ。何度も議論を重ねた結果、まずは「瀬戸内イタリアン鍋」「牡蠣のカリカリソース揚げ」「瀬戸内やきそば」「ハニートマトレモン」などをメニュー開発し、量販店店頭における生鮮連動提案や料理教室でのメニュー浸透を開始した。同時にこれまでの商品開発のスキームとは全く逆ではあるが、営業現場から商品開発部に「広島産レモン」を活用した商品の開発を依頼した。その結果、「野菜生活100瀬戸内レモンミックス」を開発、2012年2月に全国発売するに到った。この商品は季節MD（マーチャンダイジング）商品という位置づけで、沖縄シークワーサー、熊本デコポン、山形ラフランスなど旬の食材を使用した（季節）期間限定販売シリーズの商品であり、「野菜生活100瀬戸内レモンミックス」は2012年春の商品として発売した。

（2）広島県との協働

「野菜生活100瀬戸内レモンミックス」の発売にあたり、現場では詳細なエリアマーケティングプランを策定した。商品発売の報告とともに広島県には包括提携を提案した。広島県では、広島産レモンを重点品目として、供給体制の確立や需要の拡大に力を注いでいたことのほか、「瀬戸内ブランド」の構築を推進しており、「野菜生活100瀬戸内レモンミックス」の全国販売により、「広島産レモン」と「瀬戸内」の知名度向上に寄与するものとして歓迎され、2012年2月8日に「瀬戸内レモン協定」を締結するに至ったのである。この協定では、広島県とカゴメが協力をし、広島県産レモンを使ったメニュー提案、商品開発、食育活動、CSR活動を推進して広島県産レモンのブランド価値向上、ひいては「瀬戸内ブランド」を全国へ情報発信していくものとした。広島県にとって製造業との包括提携は初の試みとのことであった。

具体的には、商品の内容品質設計とともに商品パッケージに瀬戸内の「しまなみ海道」や「多島美」の風景などの写真や、広島県のブランドロゴである「瀬戸内ひろしま、宝しま」、「瀬戸内　海の道構想」などを掲載し、店頭ツールとともに積極的に瀬戸内ブランドの情報発信を行った（図29）。また、青果のレモンとの店頭でのコラボレーションによるブランドPR、品質訴求、商品販売と県の販売促進事業とのタイアップ、県産品の食材を活用した料理教室に

図29　「野菜生活100瀬戸内レモンミックス」のパッケージ

商品パッケージ側面

瀬戸内しまなみ海道や
瀬戸内の多島美の写真
を採用（5種類）

よる食育活動、「野菜生活１００瀬戸内レモンミックス」の販売を通した「レモンの木の植樹」など社会貢献に協働で取り組むこととした。

「野菜生活１００瀬戸内レモンミックス」は約３ヶ月の期間限定販売ながら、初年度１６００万本の販売を達成した。１６００万人の消費者の方が手にとり、瀬戸内レモンを認知、購買、そして実感いただいたことになる。

（3）気づき

この広島県とのエリアマーケティング実践により、カゴメの営業は多くの気づきを得た。

第１点は、「コミュニケーション」の大切さである。「野菜生活１００瀬戸内レモンミックス」の発売に伴う広島県との包括提携により、地元のマスコミを中心に多くの取材を受けたことで広告、パブリシティ、ニュース報道、特集番組、新聞、ラジオ、雑誌、フリーペーパー、情報誌、地域のイベント、店頭露出、ネット、SNS、クチコミ、試飲活動、サンプリング等でより多くの複合的情報発信を可能にすることができた。

第2点は、関与者の「モチベーション」の高さである。営業現場から商品開発を依頼したものであり、中国支店の販売計画はこれまでにない数字であったが、支店メンバーの商品に対する思いはより強く、全員が「わが事」として「アック」語ってくれた。その熱意が得意先に伝わり、より多くの波及効果を生んだ。支店のメンバーだけではなく卸、小売業、そして購買者である多くの地域住民自らが情報発信し、売り手となり、広告塔になっていただいた。

第3点は、「売り方が売り物になる」ということである。店頭ではこれまで見たことのないような売場が出現した。売場ジャックによる大量露出、店舗担当者の想いが詰まった手作りPOP、CVSでの100フェイス展開、瀬戸内レモンを使用した他メーカー商品とのコラボレーション、空港売店や鉄道売店、港湾売店など広島の玄関口、学校給食、事業所給食、県庁売店、道の駅、海の駅、レジャー施設など多岐にわたるチャネルでの展開が行われた。

また、商品を売るのではなくコンセプトを売ることも大切である。瀬戸内の食材を集合させた「瀬戸内フェア」をチラシや店頭で具現化し、他エリアへの情報発信することでこの地域全体の活性化につながることを学んだ。

第4点は、「メーカー機能の再認識」である。ナショナルブランドメーカーとしての機能は商品を全国で発売することだけではなく、情報そのものを全国の小売店からその地域に住む生活者に対して発信できること、地域の美味しい旬の食材を提案・売場確保できることも含まれる。まさに「地産地消」ではなく、「地産全消」ということを意味している。

「地産地消」という言葉はよく知られているが、「地産全消」はさらに一歩進んだ考え方である。今まではナショナルブランド商品による全国一律の販促活動を軸として必要に応じてローカライズするといったマーケティング手法が中心であったが、今回のように地域の農産物を基点にナショナルブランドを使って全国に商品を発売し、地域の美味しさを全国の消費者に味ってもらうのが「地産全消」である。こうした取り組みは地域農業振興や地域ブランドの価値向上の一助ともなり、ひとつのモデルとして他県との取り組みにも大きな影響を与えている。

第5点は、「地域食材にフォーカスすることで地域の差別化が可能になる」ということである。「野菜生活100瀬戸内レモンミックス」の発売に伴う話題づくりによって、和洋菓子、飲料、チーズ、おにぎり、調味料など広島産のレモンを使用した数多くの商品が開発、発売されることとなり、一種のレモンブームが起きた。いまや広島県民の間では、広島県の名産にレモンがあることを知らない人はいないほど認知された。その結果、レモンの生産量の増加、作付面積の拡大、雇用人員の確保など「地域社会との共生」によって「地域経済の活性化」に結びつけることができるという可能性を見出した。

（4）水平展開へ

広島県とのコラボレーションによる成功事例をきっかけに、2013年2月には愛媛県との「柑橘」による包括提携、また同時に「瀬戸内ブランドの価値向上」に向けて広島県、愛媛県、カゴメとの三者協定を締結した。2013年11月には高知県の「ゆず」を使用した商品開発とともに包括提携を結び、地域経済の活性化につながる展開を協働で実施している。また、引き続き沖縄の「シークワーサー」、熊本の「デコポン」、山形の「ラフランス」「さくらんぼ」、長野の「ナイアガラ」、栃木の「とちおとめ」、北海道の「ハスカップ」など全国において地域の「旬の素材」の「地産全消化」を推進している。広島県では2013年に開催された菓子博において、瀬戸内レモンを使用した「トマトゼリー」を開発・発売し新たなチャネル開拓に取り組んだ。

はたしてなぜ「行政」との取り組みが上手く成功したのか、そのKFS（Key Factor of Success）を紐解いてみると以下4点が思い当たる。

①「県を良くしたい」「面白い仕事がしたい」という熱い思いを持ったキーマンへのアプローチができたこと

②提案のコンテンツは県の総合計画や重点施策に合致した提案であったこと

③カゴメのブランド力、「野菜生活」のブランド力や商品開発力、県を巻き込んだ商品開発力、原材料の調達力が有機的に連動したこと

④地域の生活者に最も近い地域のメディア、地域イベントを有効活用できたこと

何よりカゴメの関係者自身が「ワクワク」しながら支店一丸となって営業し、楽しく仕事ができたことが大きな推進力になっていたのかもしれない。

(5) これからの実践的エリアマーケティング

カゴメがエリアマーケティングを実践する目的は、地域に密着した親しみやすい企業として一人でも多くの生活者にカゴメファンになってもらうことである。そのためには価値実現のための提案が必要である。しかし、営業がバイヤーと商品の話をしているだけではエリアマーケティングは具体化しない。「小売」だけではなく、「行政」「生産者」「JA」「地域のメディア」「地元の製造小売」「社内の広報や多くの他部門」など多面的な関与が必要になってくる。

そして、その地域のブランドを強くするためには、農林水産業（1次）と工業（2次）、サービス業（3次）が一緒に取り組むことで実現する「6次産業化」が不可欠である。農林水産業と工業で協働すれば県産品や地域の食材の高品質で特徴のある野菜や果実の栽培、漁業、畜産の商品化や生産技術の伝承に繋がり、工業とサービス業の協働で工場見学や記念館の見学ツアーなど産業観光が可能である。また、農林水産業とサービス業の協働では、グリーンツーリズムや収穫体験、物産展が地域の顧客を生み出す。特に農林水産、工業、サービス業の中心に「食」が位置することで、強い地域づくりに貢献できる可能性は極めて高い。

今後、「地域に貢献するエリアマーケティング」の進化によって顧客を生み出し、需要を創造していく。そして、日本全国の各地域をより強く、より元気にしていきたい。

事例からのヒント

□地域の農産物を使った商品開発や売り方の開発によって、その地域の店舗だけではなく、行政、マスコミなどを含めた地域全体を、その商品に対する関与者とすることが可能となる。

□地域の農産物を使った商品開発によって、地域の美味しさを全国の消費者に知ってもらう「地産全消」である。この考え方は、他の商品、地域にも応用可能だと考えられる。

事例4　三菱食品
——協働型のライフスタイルマーケティング

三菱食品㈱にとって得意先との協働型の売場提案の出発点は、90年代初頭に取り組んだカテゴリーマネジメントの導入にある。以降、リテールサポート、マーケティング機能を順次構築して来たが、この間に社内で唱えられたキーワードも「Think Retail（得意先の繁栄こそ自社の繁栄である）」から「取引から取り組みへ」、「生産起点から消費起点へ」、「消費起点を売り場起点へ」、「売り場起点から生活者起点へ」と変化を辿ってきた。

そして現在、同社は食のバリューチェーン構築へ向けて、得意先の課題解決型営業の実践を目指している。以上を踏まえ同社の得意先小売業、取引メーカーとの協働型売場対応について紹介する。

（1）これまでの取り組み

①「新営業」推進とカテゴリーマネジメントの導入

同社は90年代初頭から中間流通機能強化のために新営業・新物流・新管理の実践、即ち新たな時代にマッチした基本機能の強化に取り組んできた。

新時代の営業活動とは提案型の営業活動である。その推進手法の手本は米国で提唱されたカテゴリーマネジメントにあると考え、日本流にアレンジし導入を図ってきた。

当初は米国の提携先卸売業やフードブローカーなどの推進手法の習得から着手し、スペースマネジメントツールの導入や市場データの活用環境構築などのインフラ整備、提案実践の全国展開に向けた人材育成、小売業との取り組み実践によるノウハウの蓄積などを推進し、現在では全国に配置したマーケティングスタッフが営業担当者と連携して様々な提案活動を行うことができるようになっている。

また、これら一連の提案機能開発の過程を経て、提案に必要となる各種市場データ、分析ツールを調達・整備することにより、小売業が自身の戦略を売場と売り方に落とし込むプロセスにおいて商圏分析から売場生産性分析、品揃え分析、スペース生産性分析、販促分析、顧客購買履歴分析に至るまで、バイヤーの意思決定を支援する提案活動の全体像が構築され、これが

図30　提案活動領域

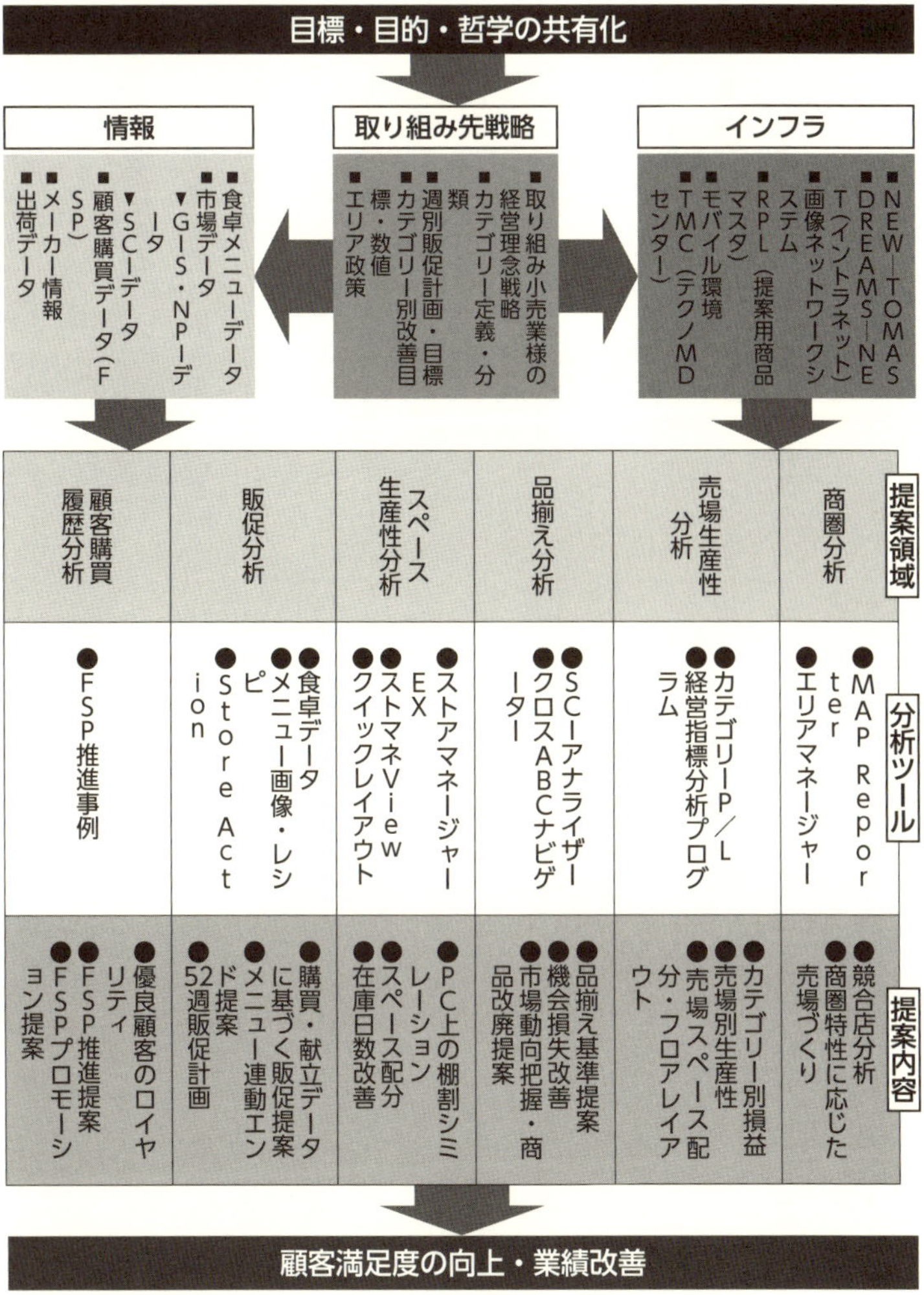

目標・目的・哲学の共有化

情報	取り組み先戦略	インフラ
■食卓メニューデータ ■市場データ ■GIS・NPIデータ ■SCIデータ ■顧客購買データ(FSP) ■メーカー情報 ■出荷データ	■取り組み小売業様の経営理念戦略 ■カテゴリー定義・分類 ■週別販促計画・目標 ■カテゴリー別改善目標・数値 ■エリア政策	■NEW-TOMAS ■DREAMS-NE T(イントラネット) ■画像ネットワークシステム ■RPL ■RPL(提案用商品マスタ) ■モバイル環境 ■TMC(テクノMDセンター)

顧客購買履歴分析	販促分析	スペース生産性分析	品揃え分析	売場生産性分析	商圏分析	**提案領域**
●FSP推進事例	●食卓データ ●メニュー画像・レシピ ●Store Action	●ストアマネージャーEX ●ストアネView ●クイックレイアウト	●SCIアナライザー ●クロスABCナビゲーター	●カテゴリーP/L ●経営指標分析プログラム	●MAP Reporter ●エリアマネージャー	**分析ツール**
●優良顧客のロイヤリティ ●FSP推進提案 ●FSPプロモーション提案	●購買・献立データに基づく販促提案 ●メニュー連動エンド提案 ●52週販促計画	●PC上の棚割シミュレーション ●スペース配分 ●在庫日数改善	●品揃え基準提案 ●機会損失改善 ●市場動向把握・商品改廃提案	●カテゴリー別損益 ●売場別生産性 ●売場スペース配分・フロアレイアウト	●競合店分析 ●商圏特性に応じた売場づくり	**提案内容**

顧客満足度の向上・業績改善

出典：三菱食品資料

同社の提案機能の礎となった（図30）。

②小売業との取り組み

小売業への提案活動は取り組み開始時点ではＰＯＳデータの分析から品揃え、棚割提案といった部分的な提案が中心であった。しかし、次第に店舗全体のカテゴリー別ゴンドラ配分や商圏分析による店舗周辺の人口動態にマッチする品揃えといった提案、さらに旬の生鮮品を中心とする小売業の重点販売商品を基軸に食卓メニューデータベースから関連性の高い商品を抽出して販促のテーマや特売商品まで提案するクロスＭＤ提案など、より効果的な提案を考え実践できるようになった。

この間、得意先への提案活動の考え方も取引きから取り組みへ、売場起点の提案活動へと進化してゆき、小売業のＰＯＳデータを受け取り、それに同社の持つマーケティングデータを重ね合わせて提案するケースが増えていった。一部の得意先では相互にデータを開示し合い、協働で日常業務にカテゴリーマネジメントを推進する事例も現れている。

しかし、これまでの提案手法は得意先バイヤーの業務代行的な棚割提案に終始する例が散見されるようになった。本来、協働で考えるべきことは売場に来ているお客さまのニーズを知り、売場や売り方を合わせることであり、個々のお客さまはどのような好みを持っているのか、ターゲットとすべき顧客はどのようなお客さまなのか、商圏内における未来店顧客と来店顧客のギャップはどうなのかといったことを検討すべきである。しかし、それがないままに品揃えや販促を始めとするMDが組み立てられてしまっていることは、お客さま不在のニーズを反映できていない売場になってしまうと考えるようになった。

（2）これからの取り組み

三菱食品では、消費の動向を決めるのは生活者であり、生活者からの支持の有無が小売業の成否を決めるものであり、生活者のライフスタイルを理解し適切に対応することが最重要課題であると考えている。このことからマーケティング機能もこれまでの売場起点から生活者起点に発想を根本から見直して新たな機能開発を行うことにした。

①ライフスタイルマーケティングの実践

同社が目指す「ライフスタイルマーケティング」とは小売業のFSPデータ、POSデータなどの定量データを独自の手法により解析し、さらに生活者へのインタビュー、アンケート調査などの定性情報を収集し、これらを重ねて生活者の意識や購買の好みといった志向を探り、それを理解した上で適切な提案に繋げて行くマーケティングである。またそうした過程を踏んで、実際に提案を行う全社運動でもある。

同社ではこれまでライフスタイルマーケティングの推進手法を開発し、得意先への提案実践に結び付ける「R-WAVEプロジェクト」として推進してきた。

②生活者ライフスタイルを理解する手法

生活者のライフスタイルを理解する手法の一つは、定量データである小売業のFSPデータ、すなわち顧客のID付きPOSデータの解析による生活者・顧客のグループ化である。

顧客の購買行動を個々に解析し、各々の買い物の好みを割り出し、好みの似通った顧客をセグメント化し、セグメントされたグループの買い物の特徴から食生活を中心とするライフタイルを読み解いて行くのである。

これによって、小売業の顧客のライフスタイルを実購買データから理解することができ、そこから顧客に密着した売場、売り方、商品の提案に繋げることが可能となる。

同社ではこのような分析結果に生活者へのインタビューやアンケート調査等の定性情報、各種のマーケティングデータを重ね合わせて分析し、生活者のライフスタイルを10のタイプに類型化し、各々のライフスタイルを定義した「生活者タイプ」を策定している（図31）。「生活者

図31 「R－WAVEプロジェクト」における生活者タイプ

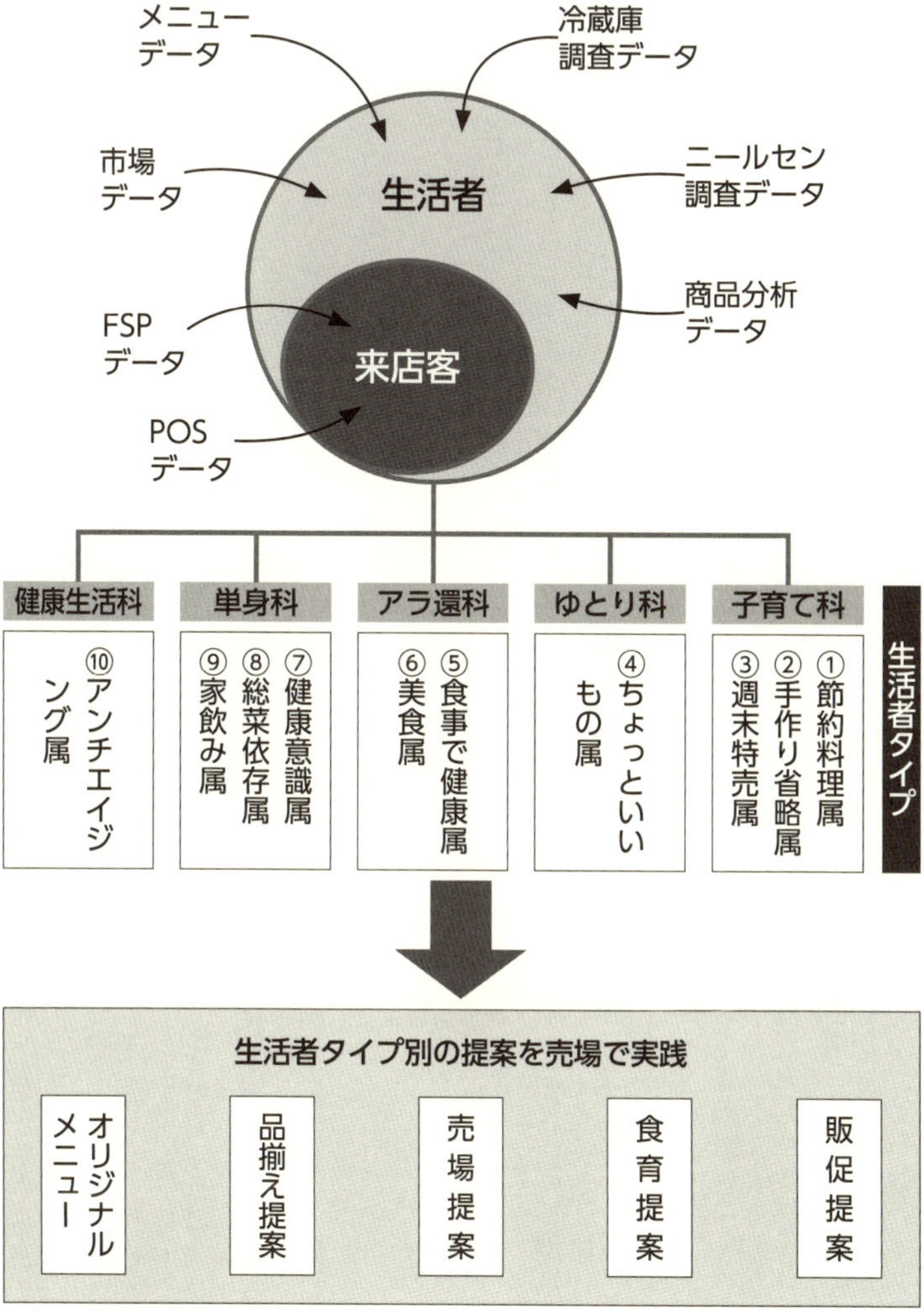

出典：三菱食品資料

タイプ」の内容は、生活者のライフスタイル、買い物の好みから見た生活者像、好む商品の傾向などに及ぶ。

これらの知見によって同社では、得意先に取り組みを提案する際、例えばターゲット顧客が子育て最中の多忙な主婦であり、共働きで料理が苦手ですぐに作れる食品を好む手作り省略派であるということが分かれば、その好みに売場と商品を合わせ、さらに訴求方法も合わせるといった戦略を考えることができるようになっている。同社では現在、この手法に基づく得意先への生活者起点型のMD提案を推進しているところだ。

事例からのヒント

□顧客ID付きPOSデータを利用することで、それぞれの顧客の購買商品を詳細に捕捉することが可能となるが、これにアンケート調査のデータなどを加味することによって、顧客のライフスタイル特性を把握することが可能となる。

□商品の売上データだけをもとにして売場や販促の提案を行うことは、本当の顧客ニーズを反映しないものとなる危険性がある。顧客のライフスタイル特性を基礎とした提案を行うことによって、根源的な顧客ニーズを反映した売場や販促の実現に近づくことができる。

事例5　サンキュードラッグ
――市場深耕戦略とID-POSデータ活用

(1) 狭小商圏化における2つの選択肢

㈱サンキュードラッグが本拠とする北九州市は政令指定都市の中で唯一の人口減少都市であるのみならず、最も高齢者率が高く高齢単身世帯率が30%に及ぶ。

ドラッグストアビジネスにおいて高齢化は様々な意味を持つが、その中で戦略的に大きな影響を持つのは「モビリティの低下」である。高齢者の生活行動の80%は半径400m以内で完結するという調査があるが、同社においても全年代で500m以内の売上は75%に達しており、これは現実の問題となっている。

こうなると「強い店」の定義が変わる。従来は遠くから集客できる店のことを意味していたがもはや遠くからは来ない（来られない）状況においては、「半径500m以内の消費支出で成り立つ」店こそが強い店ということになる。

チェーン店の意味も変わる。従来は多店化してコストを下げるというスケールメリット追求がメインであったが、人口減少・市場縮小社会においてはいたずらな多店化はむしろ非効率を生む原因となりかねない。ドラッグストアの坪当たり売上高は10年前の半分にまで低下している。

こうした狭小商圏化の流れにおいて、小売業が取る戦略には2つの選択肢がある。第1に取扱い商品（サービス）の拡大であり、第2に市場の深掘である。前者は拡大する商品によって店舗面積と立地が異なる。消耗頻度の高いコモディティや食品の拡大は店舗の拡大を伴い、必然的に郊外での車来店を前提としたワンストップショッピングを指向する。調剤を中心とした医療・介護領域への拡張は300坪前後で、高齢者が徒歩で来店するのに便利なアーバン（都市部の住宅密集地）立地を得意とする。後者はいわゆる「潜在需要の発掘」である。取り扱う1万5000～2万アイテムについて顧客が価値を見出し選択できる商品に絞り込めばコモディティ中心のディスカウントモデルができるが、それに対して一つ一つの商品の価値を必要とする潜在顧客に伝達することで多くの気づきと高い粗利益を実現しようとするモデルである。サンキュードラッグはアーバン立地に300坪型の調剤併設ドラッグストアを1㎞ごとに出店し、市場の深掘をするモデルを追求している。

従来のMD論において、売上伸長とはカテゴリーごとの売上最大化であった。しかし、カテゴリーの売上最大化とはカテゴリー内で販売個数を増やし、単価を上げ、購買頻度を上げることでありどれも容易なことではない。ベビー用品の中で買上率最大のカテゴリーはオムツであるが、オムツ購入者のうちミルクやベビーフードの購入率は意外なほど低い。あるカテゴリーの伸長が周辺の売上拡大につながっていないのだ。

そもそも、店に来ていない客を誘引することは非常に難しい。それに対して既に店内にいるお客さまに当然買っていただけるはずのカテゴリーでの購買をしてもらう方がはるかに易しいはずである。この時に必要な概念は個客（セグメント）の買上最大化であり、モノサシはモノから人に変わる。個々の人の行動を知るツールがＩＤ-ＰＯＳであり、その人にとっての価値を定義し、店頭ツールを用いて伝達する技術と感性を磨くことでＩＤ-ＰＯＳマーケティングが完成する。

また、従来のカテゴリー視点ではその測定ツールがＰＯＳであるため、「いつ何が何個」はわかっても「買う人の全体像」「買う理由」が考慮されていない。誰がなぜ買うかわからない時に、購買に導くインセンティブはポイントや値引きに限られる。必然的に顧客アプローチはマスとなり、コモディティ化を促進させることになる。狭小商圏で市場の深掘をするためには個々のお客さまに価値を理由にした購買をしてもらう必要があり、パーソナルケアの商品育成が顧客育成に繋がるストーリーを構築しなくてはならない。

（2）貧血薬「ファイチ」におけるメーカー価値と顧客価値

「ファイチ」は貧血薬であり、主成分は鉄である。本品は腸溶コーティングによって胃を荒らすという課題を解決し、吸収も良くなるという改善を施した。これを伝達することで市場が膨らむとメーカーは考えた。

胃を荒らすことで離反した客はごく一部を除いてもはや売場に戻って来ない。そこでターゲットを「貧血ではないかと思っているが、治療しようとまでは思ってない」「まだ貧血だと気づいていない」客に設定した。多くの潜在客が期待できるからでもある。

「胃が荒れない」はメーカーがモノづくりの立場から最も伝えたいことであるが、未服用の潜在客にとって知らされるとかえって「胃が荒れるのでは」と懸念する材料となる。「胃が荒れる」は潜在客に継続購入してもらうために当然の課題であり、「あなたの不調は解決できる〜あなたは貧血薬を飲むべき人である」こそが伝えるべき価値である。

そのような潜在客は店舗のどこに現れるどのような課題を持つ人かを定義する。「サプリメント売場の健康に関心の高い人」は反応しなかった。サプリメントの中で鉄剤の需要は低く、貧血に関心の高い人を効果的に発見〜到達できなかったからである。「冷えに悩む養命酒購入者」は「あなたの冷えの原因、実は貧血ではありませんか」とのメッセージと相まって、養命酒購入者のファイチ併買率は著しく向上した。問題は、養命酒の購入者が多くなかったことである。最後に生理用品の「多い日用」購入者にターゲットを当て、売場に鏡を設置して「目の下（下瞼部）が白くなっていませんか～貧血かも」のメッセージを出した。クロス陳列した2週間分のトライアルサイズだけで前年比7倍以上、さらにレシートメッセージで2～3ヶ月の継続服用を促すことで10倍の売上を記録した。

（3）舌磨きタブレット「ブレオ」における買う価値と買い続ける価値

「ブレオ」は舌磨きタブレットであり、舐めているだけで舌上に長年溜まった白い汚れである舌苔（口臭の原因）を取り除く効果を持つ。

購入動向を年代別に見ると20代の女性が圧倒的に大きな山を作っているが、リピート率は低い。他方、60代の男性は売上は小さいがリピート率は高い。20代の女性は口臭に敏感に反応するがそもそも舌苔はない上、口臭に関して低単価でファッション性の高い商品が多数存在する。60代の男性は自身の舌苔を認識している上、「加齢臭」という強迫観念を持っている。「売上は大きいが絶えずマーケティング・コストを投入しなくてはならない20代」と「一度買えばリピートするので市場育成が容易な60代」のどちらに資源を投入すべきかという問題になる。

加齢からくる「朝起きた時の口のネバネバ」を効果的に解決する歯ブラシが同じ顧客を共有できるという仮説から、コラボレーションを行った。ブレオ購入者に歯ブラシの紹介リーフを、歯ブラシ購入者にブレオのサンプルを提供した。

その結果、前年比で歯ブラシ700%、ブレオ300%という成果を得た。個々の商品（ブランド）の持つ固定客を、同じ悩みに対して他のアプローチを持つ商品と共有することで非常に大きな効果を上げられる証明である。

ちなみに10代後半～20代前半の女性向け雑誌で読者モデルたちが舌を出した写真を多数掲載していることから「ピンクの舌を取り戻そう」というキャッチのPOPを掲示したところ、同年代のリピート率が2・5倍に向上した。「買う理由」と同様「買い続ける理由」も買い手に固有であり、それを見つけることがマーケティング上重要である。

（4）ディープ×ビッグのアプローチ

ID-POSがディープデータとしての特性を持つ時、顧客の全体像を知ることを通して店頭でのマーケティング活動に有効に活かすことができる。ディープデータを持つのは地域にドミナント展開したローカルチェーンであり、彼らはそれによって限定顧客に対するきめ細かいアプローチをできるので、薄く広い店舗展開をするナショナルチェーンとの存在意義の違いを明確にすることができる。しかしながらディープだけでは限界もある。「ディープ×ビッグ」のアプローチには別のチャンスが存在するのだ。

我々はSegment of One&Only（ＳＯＯ）という会社を設立し、全国17社のローカルドラッグストアから８００万件のＩＤ-ＰＯＳデータベースを構築した。図32は、アレルギー用目薬の価格帯販売数量と販売金額である。販売数量は４００円台に集中し、ここで価格競争が行われて利幅も低下している。しかし、販売金額でみると１５００円前後に大きな山があり、高価格帯が最大の売上を作っていることがわかる。高価格帯の購入者は30〜40代であり、仕事を持っているために「すぐ効く、よく効く」価値への高額投資を厭わない。リピート率も高い。購入時間帯は12時台、17〜18時台に集中する。幾つかの加盟企業でこの価格帯に注力したところ売上で１４０％、粗利益で２００％といった成果を出している。ターゲットが明確で買う理由もわかっているのだから、点し心地やデザイン、販促などトータルで改善ができるはずである。

日本のメーカーは「モノづくり」においてその繊細さ、こだわりとそれを実現する技術において超一流である。しかし、その商品やこだわりが誰にとってどのような価値を持つのか、それをどう伝達するのかについて課題を抱えているように思える。また卸は商品のコーディネートに力を発揮できる立場にありながら、カテゴリー視点で考えるためその機能を活かせない。

図32　目薬の価格帯別販売数量と販売金額の比較

販売数量

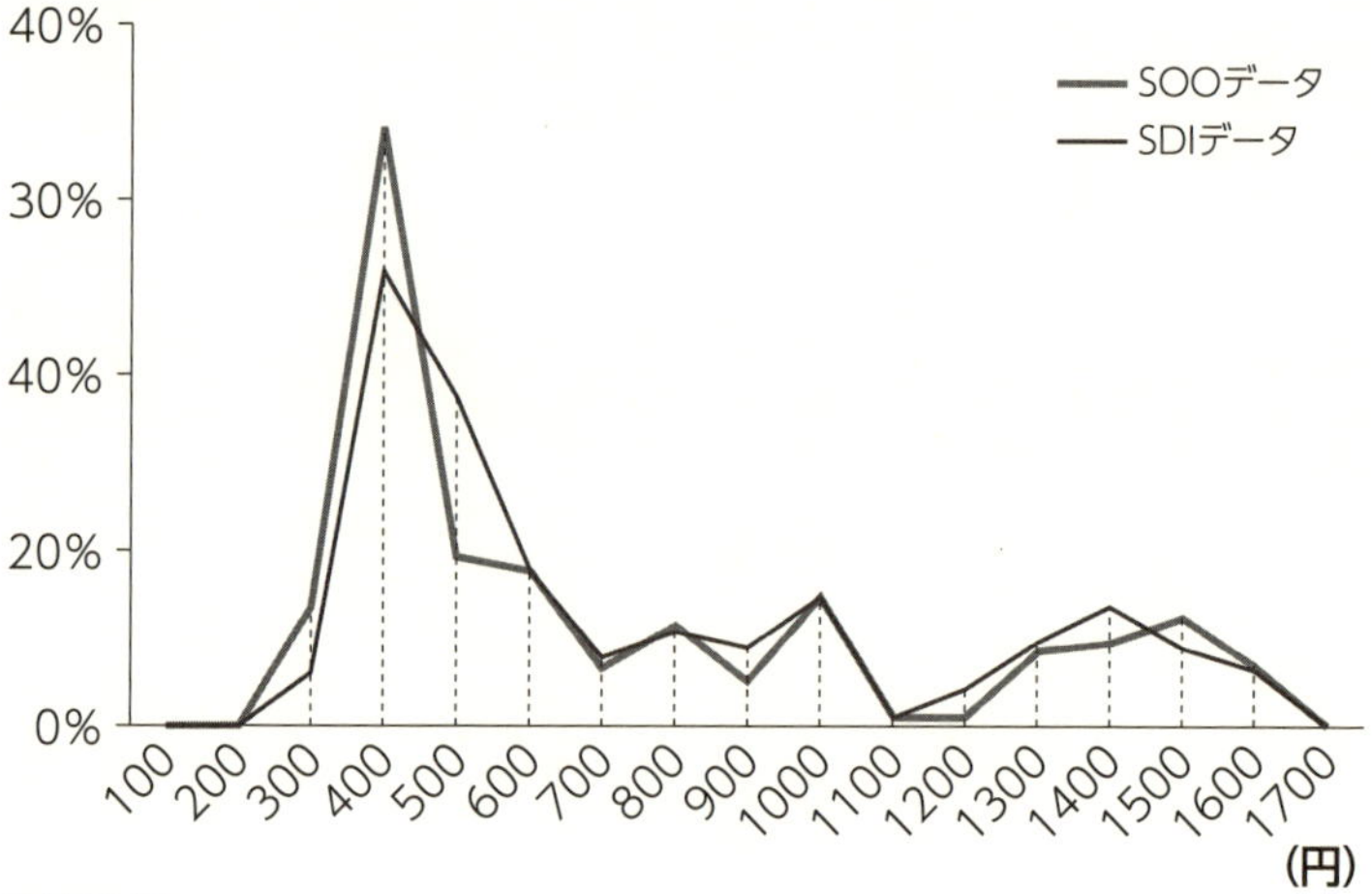

販売金額

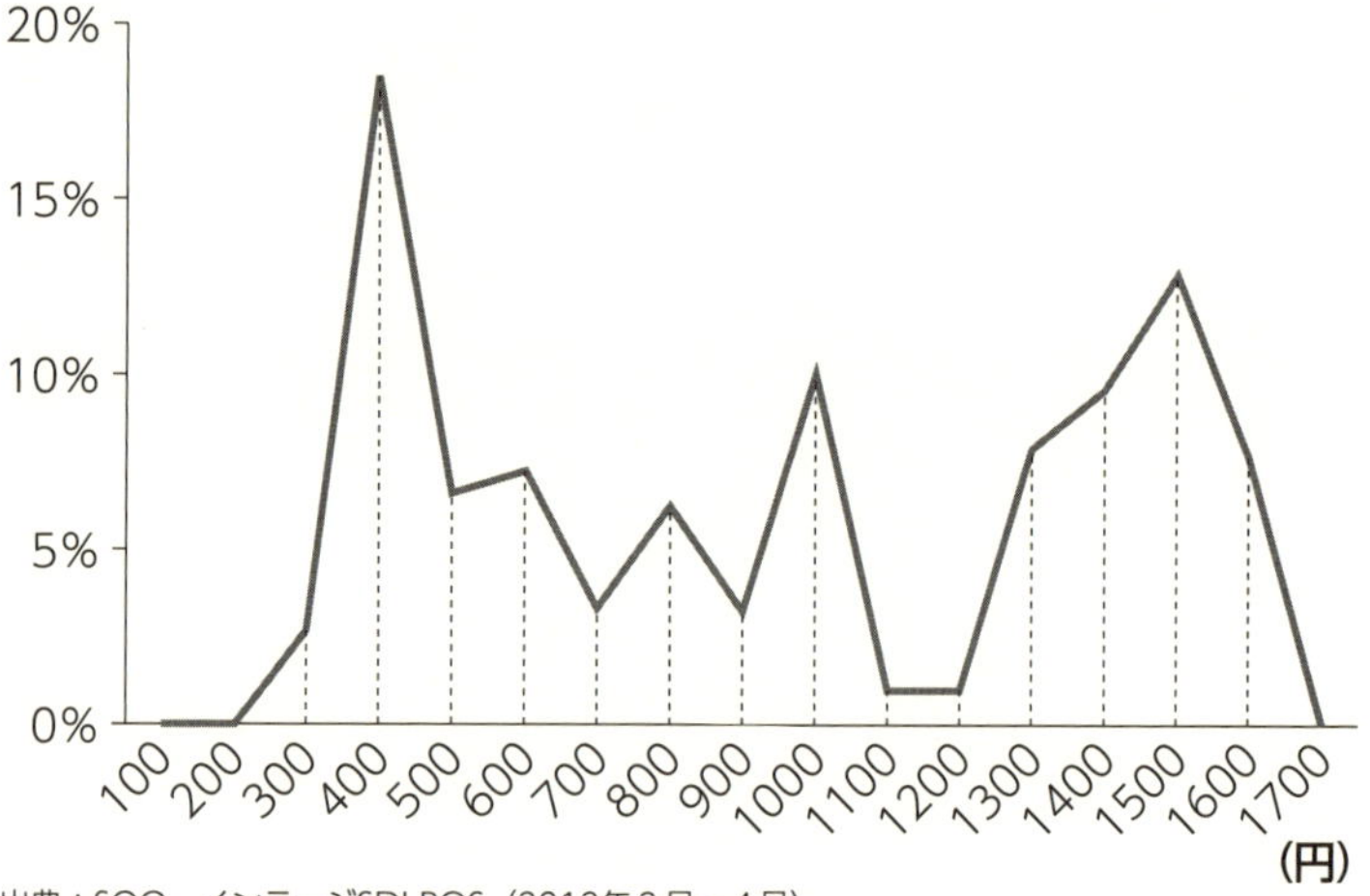

出典：SOO、インテージSDI-POS（2012年２月～４月）

小売も「お客さまに最も近く、お客さまを知っている」ことになっているが、現実は全く異なる。モノづくりからマーケティング、販促企画に至るまで丸投げし、挙句に返品を要求する。小売が本来の役割を果たしてこそ流通に付加価値が発生するのであり、そのためのツールとしてのＩＤ－ＰＯＳの活用を共に勧めることを提言する。

事例からのヒント

□狭小商圏の店舗であっても、商圏内の顧客の需要を深掘することによって成長をはかることが可能である。

□潜在需要を深掘りするためには、顧客自身が自分でも認識していないニーズに気付いてもらうことが有効となる。

□商品を買う理由と商品を買い続ける理由は異なる場合がある。それら双方の理由を見出すことが、それぞれを向上させるための適切な訴求を行うことにつながる。

おわりに

本書は、マーケティングの実務者集団MCEIと早稲田大学マーケティング・コミュニケーション研究所共催の「MCEIダイヤモンド型営業戦略研究会」における活動の集大成です。本研究会のファシリテーターである早稲田大学商学学術院教授・守口剛氏をはじめ、多くのMCEIネットワークに連なる実務家の方々に多大な協力をいただき完成いたしました。

同時に本書は、MCEI東京支部創設理事長である故・水口健次氏が大いに提唱されてきたテーマを拡大・発展させたものでもあります。水口氏の永年のパートナーであった㈱二俣事務所代表取締役・二俣桂介氏には、本研究会のゲストスピーカーとしてだけでなく、本書の制作にあたっても多大なるご尽力をいただきました。ここに改めてお礼申し上げます。

MCEI（Marketing Communications Executives International）は、マーケティングを学ぶ国内外の人々に広く門戸を開放し、その活動を支援するとともに生涯学習教育に寄与し、人々の豊かな暮らしを実現することを目的とする組織です。スイスのジュネーブに国際本部があり、いまでは世界15支部がマーケティングを通して交流しています。

その歴史をさかのぼれば1954年にアメリカで誕生し、東京支部は15年後の1969年に、大阪支部は1972年に、いずれも水口健次氏により設立されました。
現在は年間5種、合計約50回の研究会を開催するほか、月刊の機関誌発行、会員の提言集「百人百語」の毎年発行、国際交流会の開催など幅広い活動を行い、マーケティングの価値向上、マーケターの養成、国際交流などに努めております。こうした活動により、東京支部は最もエキサイティングな支部と評価されているところです。

なお、本書をご購入いただいた方への特典として「ダイヤモンド型営業実践診断」を用意いたしました。MCEI東京支部のホームページにアクセスし、お申し込みください（2016年7月まで）。設問にお答えいただくと。所属される組織の現状・強み・弱みなどが容易に把握でき、実践的な対策を考えるヒントになるはずです。

MCEI東京支部ダイヤモンド型営業戦略研究会
出版プロジェクトチーム

小野敏博
馬場通和
中田秀幸
柴田正雄

［執筆担当者紹介］

二俣桂介（ふたまた・けいすけ）

株式会社二俣事務所　代表
1960年生まれ。明治大学経営学部卒。印刷会社、日本マーケティング研究所を経て独立、戦略デザイン研究所に参加し、二俣事務所設立。営業力革新プランの立案とその展開サポート、営業コーチングを主に手がけている。著書に「メーカー営業戦略革新ノート」（東洋経済新報社）。

中田秀幸（なかた・ひでゆき）

株式会社マーチャンダイジング・オン　代表取締役専務
1956年生まれ。関西大学商学部卒。1980年ハウス食品入社。営業・マーケティング室勤務をへて営業企画室で提案型営業のプロジェクトを推進。1999年にマーチャンダイジング・オンを設立し、営業支援のシステム開発とダイヤモンド型営業の教育に従事している。

藤澤博弥（ふじさわ・ひろや）

株式会社ヤクルト本社　直販営業部　チェーンストア課　課長
1970年生まれ。日本大学経済学部卒。大手GMSチェーンのデイリー食品部、商品部デイリーディストリビューター、バイヤーを経て、2007年株式会社ヤクルト本社へ入社。現在に至る。

宮地雅典（みやち・まさのり）

カゴメ株式会社　名古屋支店　支店長
1961年生まれ。中央大学商学部卒。1984年にカゴメ株式会社に入社。東京支店にて10年間営業現場を担当。その後東京本社にてマーケティング、営業マネジメントを担当後、営業推進部長、中国支店長を歴任し、2013年より現在名古屋支店長。営業現場、マーケティング、流通戦略、市場調査、売場開発、プロモーション、営業マネジメントでの実務経験がある。日本マーケティング協会マーケティングマイスター。

原　正浩（はら・まさひろ）

三菱食品株式会社　執行役員マーケティング本部長（兼）戦略研究所長
1957年生まれ。独協大学経済学部卒。1980年株式会社菱食入社、札幌支店営業に配属。87年東京支社営業第一部に異動。1991年三菱商事株式会社食料総括部マーケティング支援チームに出向。1995年に復帰し、マーケティング本部RS統括部に配属。2013年三菱食品マーケティング本部長（現職）として、マーケティング、リテールサポート、営業支援機能の開発、推進に従事している。

平野健二（ひらの・けんじ）

株式会社サンキュードラッグ　代表取締役社長
1959年生まれ。一橋大学商学部卒。サンフランシスコ州立大学経営大学院修士課程修了MBA取得。参天製薬を経て、1986年サンキュードラッグ入社。2003年同社代表取締役社長就任。2012年北九州市立大学MBA非常勤講師就任。著書に「これからのドラッグストア・薬局ではたらく君たちに伝えたいこと」（ニューフォーマット研究所）。

[編著者紹介]

NPO法人MCEI東京支部

MCEI（Marketing Communications Executives International）は1954年にアメリカで誕生し、東京支部は15年後の1969年に水口健次氏により設立され、スイスの国際本部と世界15支部を有する「マーケティングの実務家集団」。実践で培ったナレッジ・ノウハウを生かし、各種研究会、ビジネススクール、機関誌の発行、会員提言集「百人百語」、国際交流など様々な活動を行い、マーケティングの価値向上、マーケターの養成などに努めている。

http://www.mceitokyo.org
ホームページより「ダイヤモンド型営業実践診断」のお申し込みができます（2016年7月まで）。

守口 剛（もりぐち・たけし）

早稲田大学商学学術院教授
早稲田大学政治経済学部卒業。東京工業大学理工学研究科経営工学専攻博士課程修了、博士（工学）。財団法人流通経済研究所、立教大学を経て2005年から現職。主な著書に、「プロモーション効果分析」（朝倉書店）、「消費者行動論～購買心理からニューロマーケティングまで」（共編著、八千代出版）、「マーケティング・サイエンス入門」（共著、有斐閣）、「セールス・プロモーションの実際」（共著、日経文庫）などがある。

「考える営業」の教科書
サプライヤーが小売業と取り組む実践的方法

2014年7月17日　第1刷発行

編著者——NPO法人MCEI東京支部
早稲田大学商学学術院教授　守口 剛
発　売——ダイヤモンド社
〒150-8409　東京都渋谷区神宮前6-12-17
http://www.diamond.co.jp/
販売　TEL03･5778･7240
発行所——ダイヤモンド・フリードマン社
〒101-0051　東京都千代田区神田神保町1-6-1
http://www.dfonline.jp/
編集　TEL03･5259･5940
装丁————荒井雅美
印刷・製本—ダイヤモンド・グラフィック社
編集協力——古井一匡
編集担当——石川純一

ISBN 978-4-478-09038-1